Participantes de la Naturaleza Divina

Serie "Espíritu y Vida"

Johnny A. Gómez

Participantes de la Naturaleza Divina
Serie "Espíritu y Vida"
Johnny A. Gómez

A menos que se indique lo contrario, todos los pasajes bíblicos han sido tomados de la Versión Reina-Valera 1960. © Sociedades Bíblicas Unidas.
Algunos de los textos bíblicos han sido tomados de Versión La Biblia de las Américas (LBLA) Copyright © 1986, 1995, 1997 por The Lockman Foundation
Todos los Derechos reservados.
Ninguna parte de esta publicación puede ser reproducida en ninguna forma sin el permiso escrito del autor y los editores.
© Johnny Alberto Gómez Alcalá

Impresión 2019

Contenido

Agradecimientos..7

Prefacio..9

El deseo de Dios..11

Una nueva naturaleza..21

La fe como fundamento...27

Un carácter excelente...47

El conocimiento de Dios..57

La templanza del vencedor..73

Paciencia continua..83

La verdadera religión...99

El vínculo del amor..107

Dios es Amor...115

Epílogo...129

Notas..133

Agradecimientos

Gracias al Único y Verdadero Dios por su eterna gracia e infinita misericordia. No alcanzarían las palabras para expresarle mi más profundo amor y devoción. A Él y solo a Él sean la gloria y la honra por los siglos de los siglos.

Agradezco a mi amada esposa por su paciencia y colaboración durante todo el proceso de producción de esta publicación. De igual manera, expreso mi reconocimiento al pastor y conferencista Wilfrido Oliveros, por sus valiosos aportes durante la fase de edición de este material.

Dedico este libro a mis padres, a mis hermanos y, muy especialmente, a mis amados sobrinos. Nunca dejen de soñar y creer. Sepan que lo mejor está por venir.

Detrás de este manuscrito se esconde la labor silenciosa de un grupo de personas, quienes a través de sus palabras de ánimo y oraciones, han hecho posible la conclusión satisfactoria de este proyecto. Mi agradecimiento sincero a todos ellos.

Prefacio

El hombre, a través de los siglos, se ha planteado numerosas interrogantes que muchas personas, filosofías y religiones han tratado de responder, con múltiples argumentos, pero de manera infructuosa. La mayoría de esas preguntas están relacionadas con el origen de la vida y el propósito de ella. Deseamos saber si somos producto de una casualidad, de una explosión espontánea o si nuestra existencia está ligada al designio y a la voluntad de una inteligencia superior, de un ser llamado Dios.

La búsqueda de estas respuestas se ha convertido en una fatigante carrera en la que muchos han claudicado y otros se han extraviado. Otros, menos aventureros, sencillamente han preferido no comenzar esta travesía, enmudeciendo esos gemidos que, de cuando en cuando, se dejan oír desde nuestro interior y demandan que nuestras más íntimas carencias sean saciadas. A éstos les ha sido más fácil amoldarse a este sistema con sus pensamientos y continuar con la faena del día a día. Sin embargo, encontramos que cuando estamos en esos momentos de intimidad y soledad, instantes que nos obligan a reflexionar en quienes somos y hacia dónde vamos, nuestras conciencias se abren espacios en medio de la espesura y nos recuerdan que nuestros corazones siguen esperando las palabras que le den sentido a nuestra existencia o que, por lo menos, nos quiten esa sensación de vacuidad perenne.

El ser humano, casi instintivamente, entiende que existe algo más allá de lo físico, que trasciende todo lo medible y observable. En consecuencia, no se conforma con escuchar las vanas teorías que afirman que el mundo material lo es todo y que no hay nada después de él. O aquellas ideas desesperanzadoras que aducen que la vida no tiene más sentido que el de nacer, crecer, reproducirse y morir.

Participantes de la Naturaleza Divina se presenta como el primero de una serie de libros, donde se dará respuestas a muchas de estas interrogantes. En él se habla, de forma diáfana y sencilla, acerca del propósito de nuestra vida y de cómo vivirla de manera plena; teniendo la palabra de Dios como fundamento para la construcción de nuestro destino y como guía cierta para la realización de nuestro ser.

Este manuscrito no tiene la intención de ser leído solamente, sino que espera que sus ideas se hagan parte de sus vidas y les acompañen a lo largo de vuestro peregrinar. Tampoco pretende que sus conceptos sean solo teorías, sino que anhela que ellos puedan ser puestos en práctica y se conviertan en una realidad cotidiana. En lo personal, mi anhelo y oración es que las palabras aquí escritas no sean solo tinta sobre papel, sino que estén llenas de la vida de Dios para que puedan revolucionar verdaderamente sus mentes y corazones, impactando sus vidas y las de aquellos que les rodean.

Capítulo I
El deseo de Dios

Mediante la observación de la historia contemporánea y la sociedad moderna, podemos constatar que las riquezas y la seguridad de este mundo no dan la paz ni la felicidad verdadera, mucho menos pueden llenar los vacíos que hay en nuestros corazones. Entendemos que ha existido una gran cantidad de personas que, a pesar de haber poseído todo lo que el hombre materialmente pudiera desear, han sido los individuos más desdichados y dignos de conmiseración. Vemos con tristeza como muchos reconocidos personajes, grandes artistas, políticos, estudiosos y científicos; personas quienes han poseído riquezas, sabiduría humana, fama y múltiples parejas; desafortunadamente han terminado sus vidas sumidos en vicios, con hogares destruidos y, lastimosamente, cometiendo suicidio.

En la actualidad contemplamos, con perplejidad, como en algunos de los países más desarrollados y con los mayores ingresos per cápita, paradójicamente, encontramos los índices de suicidio más elevados. Durante una estadía en Europa pude comprobar, a través de la lectura de ciertos trabajos estadísticos, como el uso de antidepresivos y ansiolíticos, en algunas regiones, se ha convertido en un problema de salud pública y como la incidencia de suicidios son una lamentable realidad, tanto en la población joven como en la senil. Definitivamente, la aparente seguridad y abundante provisión no han sido la respuesta para las almas agonizantes.

Por otro lado, nuestros países latinos no escapan de esta realidad porque, aunque nuestros problemas parecieran ser otros, las necesidades internas del individuo siguen siendo las mismas, cualquiera sea su condición. Nuestras almas necesitan ser saciadas y los vacíos espirituales suplidos, ya que no hacen distinción de raza, estatus social, ni situación geográfica

Ahora bien, damos gracias porque mientras que hay vida, hay esperanza. Esa sensación de vacío no tiene por qué ser perpetua. Existe la medicina para estos padecimientos y una cura para esta sociedad enferma. **Blaise Pascal**, científico francés del siglo XVII, afirmaba que *"En el corazón de todo hombre existe un vacío que tiene la forma de Dios. Este vacío no puede ser llenado por ninguna cosa creada. Él puede ser llenado únicamente por Dios, hecho conocido mediante Cristo Jesús"*[a].

Ninguna filosofía o religión creada por hombre, con todos sus argumentos, puede responder de manera veraz a las inquietudes planteadas en la sección anterior. Yo mismo no pretendo hacerlo, ya que solo pueden ser contestadas por Aquél que nos creó y entretejió en el vientre de nuestras madres. **Rick Warren** en su libro **"Una vida con propósito"** dice: *"Si yo te entregara un invento que nunca has visto, no sabrías para qué sirve ni tampoco el ingenio te lo podría decir. Solo el inventor, o el manual de instrucciones, podría revelarte, el propósito de dicho invento"* [b]. Parafraseando un poco esta idea, encontramos que la mejor manera de conocer la razón de ser de una obra es consultándole al artífice de la misma. Su creador es quién nos puede indicar claramente el objetivo para el cual la hizo, qué tenía en mente cuando la elaboró y cuáles son los planes que tiene para con ella. Siendo así, podemos afirmar que la única manera de conocer el propósito de nuestra existencia es acercándonos al Dios que nos formó.

En la Biblia, la Palabra de Dios, podemos conseguir esa guía que nos conduce al descubrimiento de nuestro Creador, de nosotros mismos y de nuestra razón de existir. Ella es lámpara a nuestros pies y lumbrera a nuestros caminos, según **Salmos 119:105**. Ella no solamente puede ser leída, sino que también tiene la facultad de leernos, ya que, tal como lo indica en **Hebreos 4:12**, la Palabra tiene el poder de discernir *"Los pensamientos y las intenciones del corazón"*. Ella es como un espejo y tiene la cualidad de mostrarnos cuál es nuestra condición actual y cuál podría ser la futura. No tenemos que andar como una nave sin rumbo, dejemos que ella se constituya en nuestro manual de vida y navegación.

Una sociedad enferma

La sociedad moderna no ha querido tomar en cuenta a Dios y está sufriendo las consecuencias de esta decisión. Lo han puesto de lado en las comunidades y en los hogares. Le han prohibido la entrada a las escuelas, liceos y universidades. No lo han querido tomar en cuenta en sus decisiones gubernamentales, sino que han legislado sus propias leyes y establecido sus propias reglas, muchas de las cuales son profundamente profanas.

Vivimos en un sistema que no solo promueve el pecado, sino que también es complaciente con aquellos que lo practican. Vemos en las redes sociales y en los medios audiovisuales como abundan la pornografía, el lenguaje vergonzoso y las crudas imágenes revestidas de violencia. Luego, cuando ocurren hechos violentos, niños matando a niños, guerras por doquier, violaciones y homicidios, el mundo descarga su ira contra Dios diciendo: *<Dios es injusto>, < Dios no existe>, <¿si Dios existiera por qué permite que pasen todas estas cosas?>*. Este tipo de situaciones cada vez se suscitan con más frecuencia, lo cual ha producido que muchos hombres se hayan endurecido, hasta el punto de declararse "ateos". Esto no nos sorprende ya que Jesús lo había predicho en **Mateo 24:12**, donde dice: *"Y por haberse multiplicado la maldad, el amor de muchos se enfriará"*.

Unos de los principales males que aqueja a esta sociedad es el llamado "relativismo moral". Éste lleva al hombre a pensar que, en esencia, nada es bueno ni malo, sino que todo depende de la perspectiva de cada quien. Los valores se subordinan a los pareceres de cada individuo y son estos los que definen lo que es moralmente correcto. En consecuencia, los valores se han corrompido cada vez más y lo que queda de ellos es solo una sombra, una imagen borrosa y difusa.

En una oportunidad un compañero me dijo: *<nada es bueno y nada es malo. Todo depende del cristal a través del cual se mire>*. Recuerdo que le respondí: ¡Claro que existe lo bueno y lo malo! Esos parámetros son definidos por Dios, colocados en nuestras conciencias y escritos en su Palabra. Lo que ocurre es que muchos han decidido dar la espalda a su Creador y de este modo sus conciencias han sido cauterizadas por el pecado, hasta el punto de hacerlas insensibles y no pueden hacer diferencia entre lo justo y lo injusto, o, a pesar de haberlo hecho, eligen la injusticia.

En los diferentes medios audiovisuales y en el internet, los valores humanos han sido radicalmente invertidos. A lo malo lo hacen parecer bueno y a lo bueno, malo. En las películas y series televisivas presentan al ladrón y al pistolero, como seres interesantes, atrayentes y exitosos. Los llamados vampiros y brujas dejaron de ser oscuros y perversos, y pasaron a ser joviales, jóvenes y sensuales; en fin, los héroes de la película. La figura de los padres consejeros ya ha sido exterminada de la mayoría de las series infantiles y juveniles y, cuando aparece, se la muestra como incomprensiva o "fuera de onda". En esos programas, los adolescentes viven por su cuenta y establecen sus propias reglas y valores.

Algo similar ocurre con la figura del matrimonio. ¡Cuán vituperada y vapuleada ha sido! Para el sistema, ser un marido o una mujer fiel ya no está de moda. A todo esto, el Señor nos dice que hay un "ay", un quejido, preparado para aquellos que tal hacen. *"¡Ay de los que a lo malo dicen bueno, y a lo bueno malo; que hacen de la luz tinieblas, y de las tinieblas luz; que ponen lo amargo por dulce, y lo dulce por amargo!"* **Isaías 5:20**.

El Señor nos invita a vivir en su reposo y a gozar de una paz verdadera, tal como en su momento lo hizo con su pueblo Israel, quienes no quisieron y vivieron las consecuencias de tal decisión. Él les refirió a través del profeta **Isaías 30:15** *"...En descanso y en reposo seréis salvos; en quietud y en confianza será vuestra fortaleza. Y no quisisteis"*. Se puede visualizar un escenario similar en el lamento de Jesús sobre Jerusalén, el cual reza: *"¡Jerusalén, Jerusalén, que matas a los profetas, y apedreas a los que te son enviados! ¡Cuántas veces quise juntar a tus hijos, como la gallina junta sus polluelos debajo de las alas, y no quisiste!"* **Mateo 23: 37**.

De parte de Dios hay un ofrecimiento de paz, vida, confianza y fortaleza. De nuestro lado, debe haber una repuesta consecuente.

Reprogramando nuestras mentes

Recuerdo una canción muy famosa llamada *"El Último Beso"*[c]. Ésta fue escrita por Wayne Cochran, traducida al español por Omero González e interpretada por numerosos cantantes. Tiene un tono triste y para mi refleja un poco la actitud del hombre hacia Dios y lo que éste entiende de Él. Dice:

> *"Íbamos los dos al anochecer,*
> *oscurecía y no podía ver,*
> *yo manejaba, iba a más de cien,*
> *prendí las luces para leer*
> *había un letrero de desviación*
> *el cual pasamos sin precaución*
> *muy tarde fue y al enfrenar*
> *el carro volcó y hasta el fondo fue a dar"*

Y luego agrega en el coro:

> *"¿Por qué se fue y por qué murió?*
> *¿Por qué el señor me la quitó?,…"*

Analizando un poco el tema vemos que el conductor transitaba por una carretera muy oscura; sin embargo, iba a más de 100 km/h. Habían varios avisos a lo largo de la vía indicando un evidente peligro, mas él decidió ignorarlos y pasarlos sin ningún tipo de precaución. La conjunción de todos estos factores produjo que el carro se volcara y diera hasta el fondo de un despeñadero, suscitándose la trágica muerte de su pareja.

Lo que me sorprende de toda esta historia, y lo que quisiera destacar, es que esta persona no parece ver su cuota de responsabilidad en este lamentable incidente y se pregunta el porqué de lo sucedido. No conformándose con esto, va más allá y culpa a Dios de todo lo acontecido. De manera similar, el hombre sin Dios va a ciegas y no puede ver el final de la carrera desenfrenada que le está llevando a la misma muerte. El Señor les coloca letreros a lo largo del recorrido para que pueda corregir su camino pero este ha decidido hacer caso omiso a estos llamados de atención. Al parecer no puede, o no ha querido, entender que él es el principal responsable en la construcción de su destino y continúa acusando a Dios de las consecuencias de sus malas decisiones y su mal proceder.

Ahora bien, el Señor desea que cambiemos nuestra perspectiva en relación a su persona. Durante mucho tiempo se nos ha mostrado a Dios como un ser caprichoso, cuyo objetivo principal es el de castigarnos por cualquier falta cometida. Como un ser cuya voluntad se desconoce y muchas veces nos es contraria. Como una entidad impersonal que se encuentra en todos lados pero que, al mismo tiempo, está lejos de nosotros. ¡Nada más lejos de la verdad! La realidad es que Dios es un Padre amoroso. Sus pensamientos y sus planes para con nosotros son de bien y no de mal, y quiere darnos el fin que esperamos, conforme a su voluntad, tal como lo expresa **Jeremías 29:11**.

Cuando vamos al origen de todas las cosas y nos sumergimos en el libro de Génesis, observamos que lo primero que hizo Dios, después de crear al hombre, fue bendecirlo. Leemos en **Génesis 1: 28** *"Y los bendijo Dios, y les dijo: Fructificad y multiplicaos; llenad la tierra, y sojuzgadla, y señoread en los peces del mar, en las aves de los cielos, y en todas las bestias que se mueven sobre la tierra"*. El propósito del Señor para con el hombre ha sido siempre el mismo, desde que lo creó y por la eternidad. Él quiere bendecirlo y que éste señoree.

Entonces, es necesario renovar nuestro entendimiento para cambiar aquellas ideas acerca de un Dios caprichoso e inmisericorde y reemplazarlas por las que muestran su verdadero carácter y voluntad. Esta renovación únicamente es posible mediante el contacto íntimo con Él, a través de la oración y la meditación en su Palabra. De esta forma, podemos llegar a conocer y entender cuál es su voluntad que, según **Romanos 12:2**, es buena, agradable y perfecta; aun cuando, algunas veces, no la comprendamos.

Primeramente, debemos entender que no todo lo que acontece en este mundo está bajo el deseo y la voluntad de Dios. El Señor no quiere que nadie se pierda, ni que nadie perezca en la ignorancia. Él no desea la muerte del que muere, ni están en su propósito, según algunos piensan, los hechos violentos y las desgracias que se suscitan en esta sociedad. Él no quiere nuestro dolor ni se complace en nuestro sufrimiento. En las Escrituras encontramos sus verdaderos deseos. Leamos:

Jeremías 29:11 *"Porque yo sé los pensamientos que tengo acerca de vosotros, dice Jehová, pensamientos de paz, y no de mal, para daros el fin que esperáis".*

Ezequiel 33:11 *"Diles: Vivo yo, dice Jehová el Señor, que no quiero la muerte del impío, sino que se vuelva el impío de su camino, y que viva...".*

1 Timoteo 2:4 El Señor *"... Quiere que todos los hombres sean salvos y vengan al conocimiento de la verdad".*

Ahora bien, el Señor nos ha dado el precioso regalo del libre albedrío, la libertad de decisión. Libertad para escoger entre lo bueno y lo malo. Libertad para decidir volvernos a Él e invocar su Nombre o sencillamente darle la espalda y ser rebeldes. La Biblia enuncia en **Zacarías 1:3**: *"Volveos a mí, dice Jehová de los ejércitos, y yo me volveré a vosotros..."* y en **Deuteronomio 30:19** *"os he puesto delante la vida y la muerte, la bendición y la maldición; escoge, pues, la vida, para que vivas tú y tu descendencia".*

El regalo más grande

El Deseo de todo buen padre es que sus hijos sean prosperados, tengan salud y les vaya bien todos los días de sus vidas. Ellos quieren darles y heredarles lo mejor de sí. Lamentablemente, en muchas de las relaciones padre-hijo, estos primeros no han reflejado ni el carácter ni el amor de Dios, por lo cual la figura paterna ha sido distorsionada y dañada en las mentes de un sin número de personas.

Cuando se nos habla de un padre lo primero que viene a nuestras mentes es la imagen de nuestro padre terrenal, y si esta imagen no ha sido buena se podría producir en nosotros un rechazo inconsciente hacia nuestro Padre celestial. Dios vino a sanar esta perspectiva y a traer perdón a nuestros corazones. Él quiere transmutar esa mentalidad y que nos acerquémonos a Él confiadamente y reconociéndole como nuestro Abba Padre, nuestro Papito.

Jesús dijo *"... Al que a mí viene, no le echo fuera"* **Juan 6:37**.

En ese mismo orden de ideas, Jesús afirmaba que si nosotros, con todas nuestras imperfecciones y debilidades, tenemos buenos deseos para con nuestros hijos; cuanto más nuestro Padre que está en los cielos, Él cual es perfecto, dará buenas cosas a los que le amamos. Conseguimos en **Mateo 7:7-10**, lo siguiente:

"Pedid, y se os dará; buscad, y hallaréis; llamad, y se os abrirá. Porque todo aquel que pide, recibe; y el que busca, halla; y al que llama, se le abrirá. ¿Qué hombre hay de vosotros, que si su hijo le pide pan, le dará una piedra? ¿O si le pide un pescado, le dará una serpiente?"

Estoy seguro de que Dios quiere que gocemos de buenas condiciones de vida; pero también creo firmemente que Él quiere darnos cosas aún más grandes y maravillosas. Por ello nos anuncia en su Palabra que cosas que ojos no han visto, ni oídos han escuchado y que ni siquiera se han imaginado los hombres, son las que Dios ha preparado para los que le aman **(1 Corintios 2:9)**. Cosas tan grandes y extraordinarias que si aún alguien nos las contara, no las creeríamos y tal vez hasta nos reiríamos. Posiblemente diríamos, <eso tan grande y tan hermoso, ¿es para mí?... imposible. Yo que he pasado tantas penurias y que he cometido tantos pecados>. El Señor dice: Sí. Y agrega: *"Venid a mi todos los que estáis trabajados y cargados y yo os haré descansar"* **(Mateo 11:28)** *"... Estemos a cuenta, si vuestros pecados, fueren como la grana, como la nieve serán emblanquecidos"* **(Isaías 1:18)** y *"... Si quisiereis y oyereis, comeréis el bien de la tierra"* **(Isaías 1:19)**.

Los planes del Padre celestial para con nosotros son mayores y mejores que los que hemos concebido y establecido para nosotros mismos.

Nuestra percepción del Señor ha sido con frecuencia limitada. A veces pedimos y esperamos conforme a nuestras posibilidades pero no conforme a lo que Él es capaz de hacer. La Palabra nos enseña que Dios es poderoso para darnos más abundantemente de lo que pedimos, esperamos o entendemos **(Efesios 3:20)**. Él puede mover el cielo y la tierra, e incluso detener el sol, si su voluntad así lo quiere, para producir la victoria y la liberación de sus hijos; tal como lo hizo en **Éxodo 14**, cuando dividió el mar para salvar a su pueblo de la mano de los egipcios o en **Josué 10** cuando detuvo el sol y paró la luna, durante casi un día entero, hasta que la gente hubo derrotado a sus enemigos.

Dios quiere darnos más allá de lo que estaríamos dispuestos a pedirle y nos lo ha demostrado con creces, dándonos lo más precioso, a su Hijo. Porque *"… De tal manera amó Dios al mundo, que ha dado a su Hijo unigénito, para que todo aquel que en él cree, no se pierda, mas tenga vida eterna"* **Juan 3:16.** Si bien Él no escatimó *"ni a su propio Hijo, sino que lo entregó por todos nosotros, ¿cómo no nos dará también con él todas las cosas?"*. **Romanos 8:32**.

El Señor, en su inescrutable amor, no escatimó ni a su Hijo por amor a nosotros. Nada terrenal puede compararse con este sacrificio ¡Grande es su misericordia!

Sublime Gracia

Nadie es lo suficientemente justo o bueno para merecer el Reino de los cielos. La Palabra nos enseña que: *"…No hay justo, ni aun uno; No hay quien entienda, No hay quien busque a Dios. Todos se desviaron, a una se hicieron inútiles; No hay quien haga lo bueno, no hay ni siquiera uno"* **Romanos 3:10-12.** Todos pecamos y estábamos destituidos de la Gloria de Dios (**Romanos 3:23**). Todos nos dispersamos y descarriamos como ovejas pero ahora podemos ser justificados gratuitamente por medio de la sangre de Jesucristo, Quien se entregó no por gente buena o perfecta, lo cual habría sido comprensible, sino que lo hizo por nosotros, los pecadores; por aquellos que éramos por naturaleza hijos de ira y de desobediencia **(Efesios 2: 1-3)**, y nos habíamos constituido en sus enemigos

Cuando le consultaron a Jesús acerca de quién podría ser salvo, *"Él les dijo: Lo que es imposible para los hombres, es posible para Dios"* **Lucas 18:27.** El Señor sabiendo que para usted y para mí sería imposible salvarnos a nosotros mismos, descendió y vino a al mundo y pagó por nuestra redención con su propia sangre.

Es conveniente enfatizar que éste es un camino de gracia y que para poder llegar a ser hijos de Dios, se debe creer en Jesucristo y confesarle como nuestro Señor. En **Efesios 2:8** dice *"por gracia sois salvos, por medio de la fe"*. Recibir algo de gracia significa recibirlo sin merecerlo, sin haber hecho ningún mérito. Solo podemos comenzar a transitar esta senda por la misericordia de Jesucristo, Quién dijo *"Yo soy el Camino, y la verdad y la vida; nadie viene al Padre sino por mí"* **Juan 14:6**. No hay otra manera, ni ningún otro camino para llegar al Padre.

Abre tu corazón hoy a Jesucristo e invítalo a entrar. Pídele que sea tu Guía, tu Señor y tu Salvador. Acércate a Él tal como estás, no esperes solucionar las cosas por tu cuenta, ni pienses que ya debes estar limpio. Dios es Quién nos limpia, perdona y endereza todos nuestros asuntos.

"Y en ningún otro hay salvación; porque no hay otro nombre bajo el cielo, dado a los hombres, en que podamos ser salvos" **Hechos 4:12**.

Capítulo II
Una nueva naturaleza

El Señor no desea personas religiosas según la concepción de este mundo, fundamentadas en tradiciones y ritos. Él quiere hijos que le expresen. Hijos que hablen y actúen de la misma manera como lo hace su Padre. En **Juan 1:12** se lee: *"a todos los que le recibieron, a los que creen en su nombre, les dio potestad de ser hechos hijos de Dios"*. Note que no dice que se les dio potestad de ser hechos teólogos o de pertenecer a un grupo o religión en particular, sino que se les dio potestad de ser hechos hijos del Dios altísimo e imitadores de su Padre.

Cuando Jesús oró por sus discípulos y por nosotros, lo hizo de la siguiente manera: *"Mas no ruego solamente por éstos, sino también por los que han de creer en mí por la palabra de ellos, para que todos sean uno; como tú, oh Padre, en mí, y yo en ti, que también ellos sean uno en nosotros; para que el mundo crea que tú me enviaste...."* **Juan 17:20**. Es necesario resaltar que su oración no fue orientada a que recibiésemos cuantiosas bendiciones materiales, que también nos la podría dar, si está en su propósito y voluntad, ya que es el dueño de todo el oro y la plata; sino que fue dirigida a que fuéramos uno con Él y perfectos en unidad. En otras palabras, oró para que seamos participantes de su naturaleza divina y esto solo es posible recibiendo su Santo Espíritu, a través de la fe.

La naturaleza divina de Dios está relacionada con su esencia. Dios quiere que participemos de ella no para que recibamos adoración, porque solo Él es digno de toda la Honra, Gloria y Majestad. Tampoco para que le seamos igual en los atributos que les son únicos, como su Omnipotencia, Omnipresencia, Omnisciencia. Él quiere que participemos de ella para que mostremos la excelencia de su carácter y moralidad, veamos lo que Él ve, amemos lo que Él ama y aborrezcamos lo que Él aborrece.

¿Cómo participar de la Naturaleza Divina?

A continuación les invito a leer un fragmento ubicado en la Segunda Epístola Universal del Apóstol Pedro. En esta lectura se basará el resto de esta primera entrega.

"Como todas las cosas que pertenecen a la vida y a la piedad nos han sido dadas por su divino poder, mediante el conocimiento de aquel que nos llamó por su gloria y excelencia, por medio de las cuales nos ha dado preciosas y grandísimas promesas, para que por ellas llegaseis a ser participantes de la naturaleza divina, habiendo huido de la corrupción que hay en el mundo a causa de la concupiscencia; vosotros también, poniendo toda diligencia por esto mismo, añadid a vuestra fe virtud; a la virtud, conocimiento; al conocimiento, dominio propio; al dominio propio, paciencia; a la paciencia, piedad; a la piedad, afecto fraternal; y al afecto fraternal, amor. Porque si estas cosas están en vosotros, y abundan, no os dejarán estar ociosos ni sin fruto en cuanto al conocimiento de nuestro Señor Jesucristo. Pero el que no tiene estas cosas tiene la vista muy corta; es ciego, habiendo olvidado la purificación de sus antiguos pecados. Por lo cual, hermanos, tanto más procurad hacer firme vuestra vocación y elección; porque haciendo estas cosas, no caeréis jamás. Porque de esta manera os será otorgada amplia y generosa entrada en el reino eterno de nuestro Señor y Salvador Jesucristo" **2 Pedro 1:3-11**.

Antes de comenzar con la explicación de esta cita, conviene enfatizar que la misma proviene de una carta. Para la comprensión de esta o cualquier otra carta, debemos saber por lo menos quién la escribió, a quién fue dirigida, las motivaciones por las cuales la escribió y el contexto en el cual fue redactada. De igual manera, es recomendable leer el texto completo, desde su saludo e introducción, pasando por todo el cuerpo y finalizando con la despedida, ya que esto nos facilitará una mayor comprensión de la misma.

Entonces, podemos decir que esta epístola fue escrita, tal como lo dice en su introducción, por Simón Pedro, siervo y apóstol de Jesucristo. De su lectura

Una nueva naturaleza

se puede inferir que uno de sus motivos principales fue el de fortalecer la fe y esperanza de los creyentes y discípulos, aquellos que habían *"Alcanzado, por la justicia de nuestro Dios y Salvador Jesucristo, una fe igualmente preciosa"* **2 Pedro 1:1**. También perseguía el objetivo de prevenirlos sobre las amenazas debidas a las infiltraciones de falsas doctrinas y falsos maestros en la iglesia. No obstante, en este libro vamos a enfocar nuestro esfuerzo en describir los primeros versículos del capítulo uno, donde se nos habla acerca de ser participantes de la naturaleza divina.

En el versículo uno Pedro afirma que todas las cosas que pertenecen a la vida y a la piedad, aquellas que son necesarias para vivir de acuerdo con la Palabra del Señor y cumplir nuestra misión en este mundo; ya han sido dadas a la iglesia. No es una parte ni un pequeño porcentaje, sino que todas las cosas ya nos han sido otorgadas; mediante su divino poder, por medio de su Espíritu Santo y el conocimiento de Jesucristo. Queda de parte de nosotros, los que creemos, el tomar posesión de ellas por medio de la fe.

La mesa está servida, solamente debemos extender nuestras manos a lo que Dios nos ha dado, preparándonos para hacer un usufructo legítimo de esta maravillosa herencia. Todo esto solo es posible por su gracia, a través de *"…Su divino poder, mediante el conocimiento de aquel que nos llamó por su gloria y excelencia…"* No otra hay manera de tomar esta herencia, ni por sabiduría humana ni por todas las buenas obras que hagamos.

Ahora bien, nuestras vidas deben asemejarse a *"… La luz de la aurora, que va en aumento hasta que el día es perfecto"* **Proverbios 4:18**. La luz se asoma tenuemente al amanecer, pero va creciendo paulatinamente hasta que se muestra con todo su esplendor. Nuestro peregrinar debe estar basado en una constante edificación y un constante añadir. Consiste en agregar características de Cristo a nuestro ser, hasta que seamos completos y cabales en Él. Por ende, el Espíritu nos invita a añadir: *"Añadid a vuestra fe virtud; a la virtud, conocimiento; al conocimiento, dominio propio; al dominio propio, paciencia; a la paciencia, piedad; a la piedad, afecto fraternal; y al afecto fraternal, amor"*. Esta es la carrera que todo hijo de Dios debe correr.

No se trata solamente de estar en el camino o en la entrada del mismo, sino de transitarlo hasta llegar a la meta. Lamentablemente, muchos se quedan en la entrada de esta senda, argumentando que creen en Dios, que tienen fe y que con ella es suficiente para alcanzar la salvación. Se niegan a recorrer toda esta travesía y por lo tanto no llegan a ver y disfrutar de las grandísimas promesas.

Damos gracias a Dios porque nosotros no seremos de los que se rinden, ni de los que se quedan, por el contrario, seremos de los que avanzan y perseveran con paciencia hasta alcanzar la corona. Pablo transitó este camino y se pronunció de la siguiente manera, ya casi al final de su existencia terrenal: *"He peleado la buena batalla, he acabado la carrera, he guardado la fe. Por lo demás, me está guardada la corona de justicia, la cual me dará el Señor, juez justo, en aquel día; y no solo a mí, sino también a todos los que aman su venida"* **2 Timoteo 4:6**.

La obra que Dios comenzó en nosotros la perfeccionará y finalizará. Su deseo es *"...Que todos lleguemos a la unidad de la fe y del conocimiento del Hijo de Dios, a un varón perfecto, a la medida de la estatura de la plenitud de Cristo"* **Efesios 4:13**. Él quiere que seamos luminares en medio de las tinieblas. Que resplandezcamos en medio de esta generación con el objetivo de que muchos puedan ver la luz y sean arrebatados de la esclavitud en la que están cautivos, consciente o inconscientemente.

Prosiguiendo con el estudio del párrafo citado de la carta de Pedro, observamos que es necesario que nosotros *"habiendo huido de la corrupción que hay en el mundo..."* Pongamos *"toda diligencia"* en añadir. Ser diligentes significa poner los medios necesarios, con seriedad y entusiasmo, para el logro de algo. Es hacer el empeño, esforzarse para alcanzar un objetivo con ánimo pronto y presteza.

Un deportista que desea el premio supremo sabe que debe luchar y esforzarse continuamente para mejorar su nivel. Debe abstenerse de muchas cosas y sacrificar otras que, aunque le sean placenteras, reconoce que influirían negativamente en su desempeño y en el resultado final de la competencia.

Una nueva naturaleza

Un estudiante que pretende graduarse con honores, sabe también lo mismo. Necesita esforzarse y dejar de hacer cosas que hacen sus amigos, porque entiende que a la postre le restarán las fuerzas necesarias para conseguir su objetivo.

En el ámbito espiritual, también hay una carrera a correr y objetivos a alcanzar. Estos son más elevados y traen frutos tanto para esta vida como para la venidera. Debemos luchar con todas las ganas y con todo el ánimo para vencer y superar todas las barreras.

El Señor nos pide que nos diligencia, no para hacer grandes obras humanas, aunque en Él haremos proezas, sino para creer y poner por obra su Palabra. En el libro de Josué, el Señor le pidió reiteradamente que se esforzara y fuera valiente, diciendo *"Solamente esfuérzate y sé muy valiente, para cuidar de hacer conforme a toda la ley que mi siervo Moisés te mandó; no te apartes de ella ni a diestra ni a siniestra, para que seas prosperado en todas las cosas que emprendas"* **Josué 1:7**. El esfuerzo que demandó de él no fue para que ganara las grandes batallas que tenía por delante, sino para hiciera conforme a las palabras que Él le había conferido.

De manera similar, el Señor nos pide que seamos esforzados y valientes, y pongamos diligencia en lo que requiere diligencia, y esto es en el creer, guardando sus mandamientos y llevando una vida ejemplar. Haciendo esto, nada ni nadie nos podrá hacer frente en todos los días de nuestras vidas, ya que Dios mismo peleará por nosotros y nosotros estaremos tranquilos (**Éxodo 14:14**). Él nos dará las fuerzas necesarias y nos ha prometido que estará con nosotros todos los días, hasta el fin.

Ser participantes de la naturaleza divina es el cumplimiento del propósito de Dios en nuestras vidas. Se puede ser una persona exitosa en el mundo empresarial, tener cualquier cantidad de hijos y vivir cualquier cantidad de años, pero si no conocemos a nuestro creador y participamos de su amor, nuestras vidas serán incompletas. *"...la vida del hombre no consiste en la abundancia de los bienes que posee"* **Mateo 12:15**.

En **1 Juan 4:16** dice que *"Dios es amor"*. Dios no solamente es un ser amoroso, sino que es el amor mismo, esa es Su esencia y Su naturaleza. Siendo así, no tenemos un destino incierto, tenemos al amor perfecto de Dios como nuestra meta y punto de llegada. La fe es la partida y el amor la llegada.

A continuación comenzaremos a describir cada uno de los ingredientes que debemos añadir al ser participantes de la naturaleza divina. A lo largo de este estudio nos daremos cuenta que estas no son virtudes aisladas, sino que están entremezcladas las unas con las otras. Estos atributos y características no son prelativas las unas a las otras, sino que pueden coexistir e ir desarrollándose en nuestro interior paralelamente.

Capítulo III

La fe como fundamento

Las acepciones de la palabra fe son innumerables, varían según el contexto en el cual se usen y según la perspectiva de cada persona. La fe es definida comúnmente como:

- Un Conjunto de creencias de una religión [d].
- Conjunto de creencias de alguien, de un grupo o de una multitud de personas [e].
- Confianza, buen concepto que se tiene de alguien o de algo [f].
- Seguridad, aseveración de que algo es cierto [g].

En el sentido más difundido, la fe ha sido relacionada con sentimientos y pensamientos positivos que facilitan la consecución de un objetivo o una meta. Ha sido enlazada a proclamaciones de frases optimistas que nos ayudan a lograr los resultados deseados. Ha sido entendida como una actitud positiva hacia los eventos futuros, valiéndose del auto-sugestión y el auto-convencimiento para reprogramar nuestras mentes y orientarnos a ser una persona exitosa. De igual manera, la fe ha sido confundida con los deseos, el azar y las falsas esperanzas. Escuchamos expresiones como <*yo tengo la fe que voy a ganar algún día la lotería*>, <*por fe me declaro millonario*>, entre otras. Sin embargo, estas acepciones no alcanzan a reflejar el concepto de la fe desde el punto de vista que Dios nos enseña en su Palabra.

En este manuscrito, presentaremos a la fe desde una perspectiva bíblica y, al mismo tiempo, pragmática. En consecuencia, no vamos a profundizar en muchos conceptos teológicos, sino que trataremos de hablar de ella en sus aspectos más cotidianos.

Se necesitaría escribir innumerables libros para acercarse al concepto de la fe; sin embargo, ésta no dejaría de ser una teoría. Necesitamos que la fe sea una práctica diaria, ya que ella será el fundamento sobre el cual se asentarán los otros aspectos de la naturaleza divina. Pedro, cuando comienza a hablar con respecto a las virtudes que debemos añadir, asume que la fe ya está colocada como base, por ello dice: *"añadid a vuestra fe virtud"*.

La fe es definida en las Escrituras como *"...la certeza de lo que se espera, la convicción de lo que no se ve"* **Hebreos 11:1**. Cuando indagamos los significados de las palabras certeza y convicción encontramos que la primera se define como el *"Conocimiento seguro y evidente de que algo es cierto"* [h] y la segunda como la *"Seguridad que tiene una persona de la verdad o certeza de lo que piensa o siente"* [i]. Tomando estas descripciones en consideración, podemos entender que la fe está basada en el conocimiento y en la seguridad, no en los deseos ni en las emociones. En este sentido, podríamos decir que ella tiene un carácter más objetivo que subjetivo. Para aclarar este panorama, leamos el mismo texto en la versión bíblica **Traducción al lenguaje actual**[j]:

"Confiar en Dios es estar totalmente seguro de que uno va a recibir lo que espera. Es estar convencido de que algo existe, aun cuando no se pueda ver."
Hebreos 11:1

Existen dos características importantes con respecto a la fe y estas pueden ser visualizadas, fácilmente, en su definición. La primera es la fe en el aspecto futuro. En este caso la fe es descrita como la *"certeza de lo que se espera"*. Es decir, es estar completamente seguro de algo que aguardo, que está en un futuro, pero no dudo en que llegue. No tengo miedo ni angustias, porque estoy seguro de que voy a recibirlo.

La segunda es la fe en el aspecto presente. En este sentido, la es definida *"como la convicción de lo que no se ve"*. En otras palabras, es la convicción de algo que sé que existe, a pesar que mis sentidos terrenales no lo puedan percibir. Cualquiera podría tratar de persuadirme de lo contrario y, aun así, no dudaría. Por ejemplo, podemos afirmar que existen sentimientos como el amor y el odio. Estos son inmateriales y no pueden ser pesados en una

La fe como fundamento

balanza, sin embargo, no dudamos de la realidad de su existencia.

Algunos piensan que la fe es el escudo de los débiles, yo creo totalmente lo contrario. Tener fe es uno de los mayores signos de valentía. Es oponerse al sistema. Que creamos en algo y nos movamos en función de nuestras convicciones son evidencias de integridad y fortaleza.

Cristóbal Colón afirmaba que la tierra era redonda a pesar de que, en la antigüedad, el común pensaba que no lo era. El hecho de que la gran mayoría tenga algo por cierto o que algo goce de la aceptación de todos, no quiere decir que sea verdadero o correcto. Colón hizo la diferencia y marcó historia debido a que siguió sus convicciones. ¡Ah! si tan solo cualquiera de ellos hubiese leído y creído al texto de Isaías donde se dice que Dios *"... está sentado sobre el círculo de la tierra"*, se hubiesen evitado tantas discusiones **(Isaías 40:22)**.

Tener fe implica defender lo que se cree aun cuando todos nos tilden de lunáticos. El mismo Jesús fue tenido por loco, incluso por sus propios hermanos. Por la fe muchos han sido vituperados, otros hasta han sido muertos. Para tener fe y aun para hacerla pública, se requiere de mucha valentía y carácter.

A continuación, vamos a realizar una descripción de la fe, profundizando en algunos de sus aspectos, usando versículos bíblicos y breves historias que nos ayudarán a comprender qué es la fe y cómo funciona.

Fe en la existencia de Dios

Cuando comenzamos a transitar este camino de gracia, unos de los primeros dones que recibimos, si es que no es el primero, es el de la fe. Sin ella es *"... imposible agradar a Dios; porque es necesario que el que se acerca a Dios crea que Él existe, y que es remunerador de los que le buscan"* **Hebreos 11:6 LBLA**.

No podemos creer en que recibiremos algo de Dios sino estamos plenamente convencidos de que Él existe. Si no creemos en Dios y en su Palabra, nuestra llamada fe no pasará de ser meros deseos y pensamientos positivos, pero infundados. Vivir de esta manera, es vivir *"sin esperanza y sin Dios en el mundo"* **Efesios 2:12**. Este punto pareciera ser muy básico y evidente, sin embargo, para muchos representa todavía un piedra de tropiezo.

Ahora bien, es importante destacar que la gran mayoría cree que existe un ser inteligente que transciende este plano físico y rige las leyes que gobiernan al universo. Entiende que hay una entidad superior y la han llamado dios, sabia naturaleza, extraterrestres, energía universal o, de cualquier otra manera, como la han podido calificar o definir. El creer que existe un dios es algo que se presenta en nosotros casi de manera instintiva. **Eclesiastés 3:11** dice que Dios *"Todo lo hizo hermoso en su tiempo; y ha puesto eternidad en el corazón de ellos, sin que alcance el hombre a entender la obra que ha hecho Dios desde el principio hasta el fin"*.

Dios puso la eternidad en el corazón de todo hombre, por lo tanto éste intuye que hay algo más allá de este plano material y de esta vida terrestre. Es por ello que, en algunas culturas y creencias, muchos han sido sepultados con sus pertenecías más preciadas y aun hasta con sus familiares, con la falsa esperanza de poder disfrutar de ellos en una vida venidera.

Por otro lado, fuimos entretejidos en el vientre de nuestras madres por Dios mismo, y los primeros ojos que vimos fueron los suyos **(leer Salmo 139)**. El hombre tuvo una íntima experiencia de amor con el Señor en el vientre y, apenas nace, busca reproducir esa experiencia. Ese es uno de los motivos por los cuáles la humanidad busca a Dios en todos lados y de diferentes maneras.

El ateísmo deja al hombre sin esperanza y el creer en cualquiera de las teorías evolucionistas lo hace insensible. Si creemos que el meollo de todo esto, de esta existencia terrena, es la supervivencia del más apto y la imposición del más fuerte sobre el más débil, terminaríamos destruyéndonos y comiéndonos los unos a los otros. Si el hombre no es un ser especial, creado a la imagen y la semejanza de Dios, para dar y recibir amor, sino que es producto de la "selección natural" de un "simio" escogiendo la inteligencia y el raciocinio ¿Cuál sería nuestra esperanza?

La fe como fundamento

Este tipo de ideas son las que han llevado a la humanidad a los suicidios, homicidios, genocidios y a las más duras persecuciones y cruentas dictaduras. Sobre este tipo de pensamientos se han fundamentado muchos regímenes políticos y grandes grupos económicos, los cuales colocan y dan mayor importancia a los sistemas del mundo antes que al individuo. Para estos grupos, los hombres solo somos parte de una masa que debe ser manejada, controlada y encasillada a conveniencia. No pasamos de ser números y estadísticas. Cualquiera de nosotros es prescindible y sacrificable.

Contrariamente a todas estas ideas, la fe nos muestra como seres especiales, creados por el mismo Dios, a su imagen y semejanza. Somos diferentes al resto de la creación, con pensamientos y sentimientos propios, con sentido de la moralidad y conciencia. Tenemos un objetivo y una razón de ser.

Por otro lado, no debemos ignorar que existe una maquinaria que trabaja constantemente para desacreditar la figura de Jesús y su divinidad. Cada vez proliferan más los libros, revistas, películas y documentales que atacan directamente la fe cristiana. En algunos casos aducen que Jesús era un simple mortal y en otros, lo muestran como un líder revolucionario y político. Esto solo parte de un sistema afinado que está promoviendo y fomentando la apostasía.

Es la figura de Jesús, su vida y su ministerio en la tierra, la que nos lleva a confrontarnos con nuestra realidad y con el pecado que mora en nosotros. El hombre no quiere acercarse a la verdadera Luz, porque sus obras y sus corazones serían puestos al descubierto y muchos tenemos pavor de lo que pueda ser evidenciado. Pero descuide, Jesús nos conoce al cien por ciento. Él sabe nuestros secretos más íntimos y aun los más oscuros. Él no vino a condenarnos ni a destruirnos, sino a salvarnos.

Jesús ha venido a vendar y sanar nuestras heridas y nuestros corazones. Él no prometió que en este mundo no se derramarían lágrimas, pero sí que las enjugaría. Él dijo en **Juan 16:33** *"...En el mundo tendréis aflicción; pero confiad, yo he vencido al mundo"*.

Les invito a que pueda indagar acerca de las siguientes interrogantes: ¿Quién fue este Jesús que dividió la historia en dos; antes y después de Él? ¿Qué hay detrás de este hombre, cuyo ministerio en la tierra duró solo tres años y, aun así, cambió y sigue cambiando la historia de muchos hombres? ¿Por qué su Nombre ha sido objeto de tanta persecución en los últimos años? ¿Por qué su figura es el tema central de muchos libros, innumerables poesías y la inspiración para incontables canciones? ¿Qué tiene de especial la Biblia para ser el libro más leído y controversial en toda la historia de la humanidad?

Es importante que podamos respondernos estas preguntas y tengamos nuestro propio criterio. No seamos movidos solo por las tradiciones religiosas aprendidas de nuestros padres. No nos conformemos con las opiniones de un profesor que aduce que Dios no existe o que Jesús fue solo un hombre. No centremos nuestro conocimiento en libros y revistas que supuestamente hablan de la Biblia, pero no lo son. No creamos en todo lo que se dice en la televisión y en los grandes medios masivos, porque lamentablemente el objetivo de muchos de ellos es hacernos parte de una masa manejable a sus intereses y condicionar nuestros pensamientos. Les invito a que por lo menos tomemos unas tres horas de nuestras vidas y leamos la Biblia, podría ser comenzando con el Evangelio de Juan o de Mateo. Les aseguro que no se arrepentirán.

Un don inmerecido

La fe es un don de Dios, es decir, un regalo. No es algo que hayamos conquistado por méritos propios. Pablo, en su carta a la iglesia en Éfeso, dice: *"...Por gracia sois salvos por medio de la fe; y esto no de vosotros, pues es don de Dios; no por obras, para que nadie se glorie"* **Efesios 2:8-9**. A través de esta aseveración, nos damos cuenta de que no podemos siquiera jactarnos de que tuvimos fe para creer en Dios ya que el Señor mismo, en su infinita misericordia, nos concede la fe como un regalo para que podamos creer en Él y de esta manera darnos salvación.

Este es un camino de gracia. No es para quien más corra, ni para el más fuerte, ni para el más hábil, ni para el más sabio; ni siquiera para el que sea

La fe como fundamento

más religioso o se sienta más santurrón. Este don de salvación es para aquél de quién Dios tiene misericordia. No es como algunos piensan, que ellos fueron los que se decidieron por Dios, Le buscaron y Le amaron primero. Todo lo contrario, fue Dios Quien nos amó primeramente y envío a su Hijo Jesucristo como propiciación de nuestros pecados.

Les contaré brevemente la historia de cómo el Señor tuvo misericordia de mí, salvándome de las tinieblas y llevándome a su luz admirable. En mis años de universidad, yo era un ávido lector y disfrutaba escudriñar todo tipo de literatura, principalmente todo lo referente a la llamada "**Nueva era**". Anhelaba llenarme de conocimiento acerca de los asuntos espirituales y disfrutaba aconsejar a otros en sus situaciones y sus problemas.

En aquel tiempo, mis hermanos comenzaron a leer la Biblia y a asistir a iglesias cristianas. Yo estaba en completo desacuerdo, hasta el punto que me llené de ira y comencé a reconvenirles para que dejaran ese camino que, para aquel entonces, consideraba como locura. Fui un poco más lejos y decidí ir a la iglesia donde ellos asistían, con el único objetivo de demostrarles que todo aquello era falso y que no eran más que charlatanerías. No habían pasado quince días cuando, en la misericordia de Dios, yo ya había caído postrado a los pies de Cristo, agradeciéndole por su eterno amor y reconociendo mi condición de vil pecador.

El Señor se valió de todos mis argumentos y escusas para seducirme y enamorarme. Ahora estoy escribiendo con lágrimas en mis ojos y quebrantamiento en mi alma, recordando cómo el Señor me mostró su infinita gracia y agradeciéndole por ese gran regalo que me dio. A Él sea la gloria y la honra por los siglos de los siglos, amén.

Pido al Señor que no me deje olvidar quién era y de dónde fui tomado. Cuando olvidamos nuestra condición inicial es cuando perdemos ese primer amor y comenzamos a constituirnos en jueces y verdugos de los demás. Nos creemos con el derecho de apuntar a los hombres, señalando quién es o quién no es apto para el Reino de Dios. Nos sentimos superiores y nos volvemos inmisericordes, olvidando que fuimos rescatados de un pozo y que ha sido por gracia que hemos alcanzado el reposo para nuestras almas.

Tratemos a los demás con el amor con el cual hemos sido tratados por Dios. No olvidemos que la fe es un regalo, sobre todo cuando nos veamos tentados a decir o pensar que tenemos más fe que tal o cual persona. Dios repartió una medida de fe a cada uno según **Romanos 12:13**; así que debemos recibir al débil en la fe, no con el objetivo de contender con ellos sobre opiniones ni para darles una clase magistral de teología, sino para amarlo, cuidarlo y respetarlo. No olvidemos que esa es un alma por la cual Cristo ha derramado su sangre. Pensemos con cordura, ese débil en la fe podríamos ser nosotros mismos y no aquellos a quienes consideramos débiles.

La fe y la Palabra

La fe, según afirma la Biblia en **Romanos 10:17**, *"Es por el oír y el oír, por la palabra de Dios"*. El escuchar y escudriñar las Escrituras con detenimiento incrementa nuestra fe. Ellas proporcionan el conocimiento sobre el cual se fundamenta nuestra creencia.

Llevar una vida de fe no consiste en seguir lo que me dicta el intelecto o los deseos personales. Ni siquiera tiene que ver con dejarme llevar por los bellos sentimientos de mi corazón humano que, según **Jeremías 17:9**, es más engañoso que todas las cosas. Vivir por fe consiste en movernos conforme a las palabras que Dios nos da, aferrándonos a ellas y actuando en consecuencia. Esto es fe.

Un ejemplo muy claro y sencillo, para comprender lo anteriormente expuesto, podemos encontrarlo en **Lucas 5:1-11**. Allí se relata cómo Simón Pedro, después de haber estado toda una noche intentando pescar, sin éxito, pone su barca a disposición del Señor para que enseñe a la multitud desde ella. Pedro, al igual que todos los que estaban a su alrededor, escuchó las palabras dadas por el maestro y éste mensaje hizo mella en su corazón, acrecentando su fe.

Cuando Jesús terminó de hablar, dijo a Simón: *"Boga mar adentro, y echad vuestras redes para pescar. Respondiendo Simón, le dijo: Maestro, toda la noche hemos estado trabajando, y nada hemos pescado; mas en tu palabra echaré la red".*

Pedro, un experimentado pescador, sabía que el mejor momento para pescar era durante la noche pero, a pesar de este conocimiento, lanzó nuevamente sus redes, esta vez no basándose en su sabiduría humana, sino confiando en la palabra que Jesús le dio. El resultado de su obediencia fue la llamada pesca milagrosa.

Este es un ejemplo de la fe bíblica de la que hablamos. Tener fe significa vivir y actuar de acuerdo con la palabra que Dios que nos ha conferido, aun cuando ésta antagonice con toda lógica y conocimiento humano.

Nuestra fe va creciendo en la medida que tengamos contacto con la Palabra y meditemos en ella. En la Biblia, según algunos estudiosos, podemos encontrar más de 3500 promesas. Las palabras allí escritas fueron inspiradas por el mismísimo Dios y tienen un grandioso poder transformador, es por ello que no dudo en citarlas constantemente en este libro.

El Espíritu nos exhorta, a través de la carta a los colosenses, a que hagamos morar la Palabra de Cristo abundantemente en nosotros **(Colosenses 3:16)**. Las palabras de Dios son Espíritu y son vida, entonces, si ellas abundan en nosotros, el Espíritu y la vida de Dios abundará también en nosotros.

Jesús no solamente nos dio palabras de vida, sino que Él mismo es esa Palabra. Él es el Verbo hecho carne que habitó entre nosotros. Siendo así, tenemos en Jesús, la Palabra, la garantía del cumplimiento de todas las promesas. En Él todas las promesas de Dios son sí y amén **(2 Corintios 1:20)**; es decir son ciertas, son una verdad y una realidad. Fuera de Él no hay garantía de nada. Si estamos en Él y Él está en nosotros podemos pedir todo lo que queramos y será hecho, porque estaremos pidiendo conforme a su voluntad y no a la nuestra.

La Palabra de Dios es nuestro escudo contra los dardos que satanás nos lanza. Contra el enemigo de nuestras almas no podemos batallar de cualquier manera, ni tampoco guerrear contra él profiriéndole groserías e improperios.

Tal como lo vemos en la carta a los Efesios, debemos estar armados con toda la armadura espiritual (**Efesios 6:10-20**). En esta armadura tenemos, entre otras cosas, a la fe como el escudo para poder apagar todos los dardos del enemigo, que son esos ataques y esas mentiras que nos quieren desanimar y amedrentar. Y también gozamos de la Palabra de Dios, como esa espada del Espíritu, para nuestra ofensiva. Tomemos el ejemplo de Jesús Quién cuando fue tentado tres veces en el desierto, respondió citando las Escrituras. Satanás le dijo:

"Si eres Hijo de Dios, di a esta piedra que se convierta en pan. Jesús, respondiéndole, dijo: Escrito está: No solo de pan vivirá el hombre, sino de toda palabra de Dios" **Lucas 4:4**.

Esta respuesta de Jesús es una cita del viejo testamento, en el Libro de **Deuteronomio 8:3**. De la misma manera, ocurrió con las otras dos tentaciones en la cuales Jesús salió victorioso, citando la Palabra. Si Satanás pretende recordarnos y acusarnos por nuestro pasado, recordémosle que <El Señor echó nuestros pecados en el fondo del mar y más nunca se acordará de ellos>. <Que en Cristo Jesús somos nuevas criaturas, todas las cosa viejas pasaron; he aquí todas son hechas nuevas>. Y que <el acta que nos era contraria fue clavada en la cruz del calvario y ahora somos libres> (**Leer Miqueas 7:19, 2 Corintios 5, Colosenses 2:14-17**).

La fe invoca a las promesas

En el libro de Joel encontramos una declaración poderosísima que para muchos podría resultar controversial. La misma dicta:

"...diga el débil fuerte soy" **Joel 3:10**.

Este tipo de afirmaciones nos podría llevar a preguntarnos: ¿Cómo se puede decir esto? ¿Acaso estaremos mintiendo? o ¿Acaso estaremos ocultando la verdad con sus hechos, viviendo en un mundo de fantasía? ¡De ninguna manera! Esta declaración se fundamenta en que, por medio de la fe, nombramos las cosas que no son como si fueran. La fe no permite que nos enfoquemos en lo que perciben nuestros sentidos, ni en lo que otros puedan

La fe como fundamento

vaticinar, sino en las promesas de Dios.

Quisiera traer en relieve, el ejemplo de Abraham, aquel que *"creyó a Dios, y le fue contado por justicia, y fue llamado amigo de Dios"* **Santiago 2:23**. A él se le atribuye el apelativo de padre de la fe y, los que somos de la fe, somos los hijos de Abraham. De él se dice lo siguiente:

"Él creyó en esperanza contra esperanza, para llegar a ser padre de muchas gentes, conforme a lo que se le había dicho: Así será tu descendencia. Y no se debilitó en la fe al considerar su cuerpo, que estaba ya como muerto (siendo de casi cien años), o la esterilidad de la matriz de Sara. Tampoco dudó, por incredulidad, de la promesa de Dios, sino que se fortaleció en fe, dando gloria a Dios, plenamente convencido de que era también poderoso para hacer todo lo que había prometido;" **Romanos 4:18-21**.

Estos versículos nos ilustran como Dios hizo una promesa a Abraham, la cual iba en contra de todo pronóstico y en contra de toda lógica humana. No obstante, Abraham no fijó su mirada en lo que apreciaban sus sentidos, en la realidad de su vejez, ni en el hecho indudable de la esterilidad de la matriz de su esposa. *"Él creyó en esperanza contra esperanza"*, en otras palabras, se reveló en contra del estado natural de su cuerpo y en contra de todo lo que el mundo pudiera pensar. Se aferró a la promesa de Dios, el Cuál no miente. Él creyó en lo que parecía imposible para los hombres pero posible para Dios.

Nosotros, tomando su ejemplo, no nos enfoquemos en lo que ven los demás, ni siquiera lo que vemos nosotros mismos, sino en las promesas de Dios y en lo que Él dice de nosotros.

Si nos ponemos nuestra vista en lo que constantemente dicen los noticieros acerca de la crisis mundial, la delincuencia y los problemas en el sistema de salud; quedaríamos paralizados como estatuas, inmóviles ante todo lo se está suscitando. Es por ello que Salomón decía: *"El que al viento observa, no sembrará; y el que mira a las nubes, no segará"*. **Eclesiastés 11:4**.

Jesús afirmó que de la abundancia del corazón habla la boca. Lo que hay en nuestro interior es lo que saldrá a relucir a través de nuestros labios. La lengua tiene el poder de frenar todo el cuerpo, de inmovilizarnos y dejarnos inoperantes. Debemos usarla para declarar palabras de bendición y no de maldición.

Dejemos de maldecir a nuestra familia, a nuestra iglesia, a nuestra comunidad, a nuestro país y aun a nosotros mismos. Recordemos que maldecir no es solamente decir aquella palabra que a veces no queremos ni pronunciar. Se trata de decir-mal. Por lo tanto, debemos comenzar a bendecir, a proclamar la palabra de Dios y a apoderarnos de sus promesas. Debemos profesarlas y sentirlas. Si la palabra me dice que soy un rey y un sacerdote, debo creerlo, sentirlo y moverme como tal. No puedo andar por allí dando malos ejemplos, profiriendo malas palabras. Debo cambiar mi lenguaje y mi actitud creyendo en lo que Dios me ha dicho que soy, no porque pretendo más que los demás, sino porque reconozco y entiendo mi identidad.

La fe rompe esquemas

La invitación a creer en Jesús y su Palabra con frecuencia confrontará nuestro sentido común.

En una ocasión, Simón Pedro fue interpelado por aquellos que cobraban los tributos, quienes le preguntaron si su maestro pagaba los impuestos del templo. Pedro, de manera apresurada, les respondió que sí. Pero al entrar en la casa, Jesús le habló primero, diciendo:

"... ¿Qué te parece, Simón? Los reyes de la tierra, ¿de quiénes cobran los tributos o los impuestos? ¿De sus hijos, o de los extraños? Pedro le respondió: De los extraños. Jesús le dijo: Luego los hijos están exentos. Sin embargo, para no ofenderles, ve al mar, y echa el anzuelo, y el primer pez que saques, tómalo, y al abrirle la boca, hallarás un estatero; tómalo, y dáselo por mí y por ti" **Mateo 17:25-27.**

Tratemos de ponernos un minuto en los zapatos de Pedro. A este hombre se le pidió que fuera al mar y sacara de la boca de un pez una moneda para el pago del impuesto suyo y el de su Maestro. Esta petición de Jesús rompe con toda lo humanamente razonable y va en contra de todo lo que hemos

La fe como fundamento

aprendido científica o empíricamente, mas Pedro obedeció y vio el fruto de creer.

Si me pusiera en el lugar de Simón Pedro, comenzaría a argumentar con el Señor preguntándole acerca de cómo esto sería posible, convirtiéndome yo mismo en un obstáculo para la obra de Dios. Esto acontece porque con frecuencia nuestros argumentos se oponen a la Palabra de Dios y nuestras mentes se convierten en escenarios de batalla entre nuestros pensamientos y los suyos.

Les hablaré brevemente de otra historia, la de Zacarías, padre de Juan el Bautista y fiel sacerdote de Dios. Éste no podía tener hijos porque tanto Él como su esposa eran de edad avanzada y, además, ella era estéril. Cuando el ángel Gabriel le dio las buenas nuevas de que su mujer daría a luz a un hijo, Zacarías respondió:

..."*¿En qué conoceré esto? Porque yo soy viejo, y mi mujer es de edad avanzada. Respondiendo el ángel, le dijo: Yo soy Gabriel, que estoy delante de Dios; y he sido enviado a hablarte, y darte estas buenas nuevas. Y ahora quedarás mudo y no podrás hablar, hasta el día en que esto se haga, por cuanto no creíste mis palabras, las cuales se cumplirán a su tiempo*". **Lucas 1:18-20**.

Zacarías era un sacerdote fiel e irreprensible en su manera de vivir. Sin embargo, cuando le tocó el momento de su milagro no creyó, sino que se puso a argumentar con el ángel con sus "peros". En consecuencia, él debió ser enmudecido hasta el cumplimiento del mismo.

No pensemos que esto le sucedió solo a Zacarías, sino que también nos podría suceder a nosotros. Nos conviene enmudecer delante de la presencia de Dios, así, Él hará su obra en nuestras vidas. El **Salmo 37** nos invita a orar y a esperar en el Señor, diciendo *"Encomienda a Jehová tu camino, Y confía en él; y él hará"*. *"Guarda silencio ante Jehová, y espera en él"*. Amén. Sí, esperemos en Él.

Una idea que mi hermano Víctor Gómez repite frecuentemente, es que Dios nos probará con la Palabra que nos ha dado. Así que preparémonos, porque próximamente nuestra fe podría ser probada de una manera que romperá nuestros patrones y esquemas.

La fe en acción

Una fe que no se evidencia a través de una buena conducta y de actos concretos, no es una fe verdadera. Quisiera traer en relieve lo dicho por Santiago en su epístola universal:

"... Muéstrame tu fe sin tus obras, y yo te mostraré mi fe por mis obras" **Santiago 2:18**.

Resulta interesante que no dijo <yo te mostraré mi fe con mis obras>, sino que dijo *"por mis obras"*. Un solo acto, un solo pensamiento, puede poner en evidencia lo que realmente creemos.

Mis obras hablan de lo que realmente creo. Quisiera ilustrar esta aseveración a través del ejemplo del patriarca Abraham. Cuando éste y su sobrino Lot debieron separarse, a causa de que sus posesiones eran cuantiosas y la tierra donde habitaban no era suficientemente grande para que habitasen juntos; Abraham dijo a Lot:

"... No haya ahora altercado entre nosotros dos, entre mis pastores y los tuyos, porque somos hermanos. ¿No está toda la tierra delante de ti? Yo te ruego que te apartes de mí. Si fueres a la mano izquierda, yo iré a la derecha; y si tú a la derecha, yo iré a la izquierda". **Génesis 13:6-9.**

Por medio de sus palabras, Abraham dejó ver que su fe estaba puesta en el Señor. La obra de Abraham, fue que él dejó a Lot que escogiera. Si Lot escogía la izquierda, él escogería la derecha y viceversa. Abraham entendía que su vida no dependía de donde estuviera, sino de Quién era su Dios.

De igual manera, nosotros debemos entender que nuestra bendición no depende de un empleo ni de un país en particular. Nuestra bendición depende de Aquél que nos amó y nos cuida. Nuestra fe debe basarse en saber que, estemos donde estemos, si confiamos en Dios y guardamos Su Palabra, nos irá bien y seremos prosperados en todo lo que emprendamos. Si Él desea movernos de un lugar a otro, que así lo haga. Aún se podrían levantar situaciones para que seamos movidos de nuestra zona de confort. Confiemos en Dios. Él sabe lo que conviene.

Otro ejemplo muy práctico lo extraigo de la siguiente experiencia secular: En una ocasión un buen amigo y hermano en la fe, estaba planificando el emprendimiento de una empresa. Se trataba de una cooperativa en la cual participaban 12 personas. Él era uno de los pocos socios que aportaba de su dinero y tiempo. Los otros aducían que no tenían capital para ayudarle, ni siquiera para las cosas más ínfimas. Lo cierto es que ésta, como toda empresa, era riesgosa y estos llamados "socios" no querían arriesgar nada en la inversión. Ellos solo estaban a la expectativa para ver si podían obtener algún tipo de provecho, pero no creían.

Al punto que quisiera llegar es que aquellos socios no estaban convencidos de este proyecto, no creían con certeza y lo evidenciaban a través de sus actos. La fe se muestra no solo en lo que digo, sino en las acciones que tomo o estaría dispuesto tomar por lo que creo. Si yo creo, invierto. Si creo, arriesgo. Si creo, tomo decisiones que tal vez lo demás vean como temerosas. Debemos creer para ver, no ver para creer.

Santiago 2:22 nos enseña que la fe deber actuar juntamente con las obras, y que ésta se perfecciona por medio de ellas. No podemos decir que <*Jesús es mi Señor*>, y no hacer lo que Él nos demanda, viviendo una vida desordenada y por nuestra cuenta; sería una incongruencia.

La fe transforma nuestra mente

Somos producto de una forma de pensar y de sentir. En **Proverbios 23:7** dice: *"Porque cuál es su pensamiento en su corazón, tal es él…"* Por otro lado, en **Jeremías 6:19** el Señor se pronunció de la siguiente manera: *"Oye, tierra: He aquí yo traigo mal sobre este pueblo, el fruto de sus pensamientos; porque no escucharon mis palabras, y aborrecieron mi ley".*

Lo que vemos manifestado en nuestras vidas es el fruto de lo que pensamos y hablamos, y eso es lo que determinará nuestro destino. Jesús declaró que no diríamos palabras en vano. Toda palabra que salga de nuestra boca será la causa que producirá un efecto. No serán huecas expresiones que se las lleva el viento, sino que traerán consecuencias en nuestras vidas, en la de nuestros familiares e inclusive en nuestro país. Cosechamos lo que sembramos. Si queremos obtener frutos diferentes de los que hemos recibidos, hasta ahora, debemos cambiar el tipo de semilla que sembramos. Cambiemos nuestra manera de pensar, actuar y hablar y cambiarán nuestras vidas.

Ahora bien, debemos ser transformados a través de la renovación de nuestro entendimiento, para que se produzca un cambio en nosotros. La verdadera transformación no es aquella que se produce con los cambios externos, sino con los internos. Algunas veces pensamos que nuestras vidas serán diferentes y seremos felices cuando terminemos nuestros estudios, cambiemos de trabajo, haya un nuevo gobierno, nos mudemos de país o, inclusive, cuando cambiemos de familia. Aunque intentemos cambiar todas nuestras condiciones externas, huyendo de una realidad que no nos gusta, no podemos huir de nosotros mismos, ni de Dios.

Si no perdonamos y cambiamos nuestras mentes, nuestros viejos recuerdos y las malas experiencias nos seguirán a donde vayamos. Aunque nos remontemos como las aves, aunque nos escondamos en las más profundas cavernas, no podremos escapar de las consecuencias de nuestra manera de vivir y pensar.

Hago un pequeño paréntesis para citar un texto que me hace ver como a Dios no se le escapa nada. El mismo dice: *"Si te remontares como águila, y aunque entre las estrellas pusieres tu nido, de ahí te derribaré, dice Jehová"* **Abdías 1:4**. En un pasado, para muchos estas palabras no hubiesen sido más que proclamaciones poéticas o fabulescas. Pero en la actualidad, podemos observar cómo el hombre quiere huir de las consecuencias de sus actos y de las destrucciones que ha causado al planeta, buscando la manera de construir profundos bunkers y moradas en el espacio exterior, en otros planetas "habitables". Pero lo que ignoran es que de allí serían derribados, porque el hombre no puede escapar de las consecuencias de sus actos y de sus pensamientos. Cierro paréntesis.

El hombre es fruto de sus pensamientos y Jesús dijo por sus frutos los conoceréis.

El fin de la fe

En su primera carta universal, el apóstol Pedro declara que nuestra fe tiene un fin supremo y éste es la salvación de nuestras almas (**1 Pedro 1:9**). Sabemos que por fe se pueden ganar batallas, hacer proezas, lograr conquistas, obtener bendiciones y muchas cosas más. Sin embargo, el objetivo principal de esta fe, de creer en Dios, perseverar en sus caminos y obedecer su Palabra, es la salvación de nuestras almas de una condenación eterna. Nada conseguiríamos con tantas pertenecías y con toda la gloria de este mundo si nuestras almas se pierden.

Para el Señor es más importante nuestras almas que cualquier otra cosa. Esto lo podemos evidenciar en varias de sus parábolas. Él nos dijo en **Mateo 18:8** *"Si tu mano o tu pie te es ocasión de caer, córtalo y échalo de ti; mejor te es entrar en la vida cojo o manco, que teniendo dos manos o dos pies ser echado en el fuego eterno"*. Esta enseñanza no puede ser tomada literalmente, en el sentido de mutilar nuestros miembros. La idea no es cortar nuestras manos o pies, ni sacar nuestros ojos para dejar de pecar, porque de esta manera quedaríamos tuertos, mancos y ciegos en muy pocos días, si es que esto no ocurre en un solo día. La idea de estas palabras es que arranquemos y expulsemos todo aquello que desagrada a Dios y atentan contra nuestra alma.

Analizando esta ilustración, en un sentido más profundo, podemos concluir que para Dios lo más importante no es lo físico ni lo material de este mundo, sino lo invisible y eterno. Porque todo lo físico es perecedero y corruptible, aun nuestros propios cuerpos. Sin embargo, nuestras almas son eternas.

A Dios le importan nuestras almas y Cristo murió en rescate de ellas. Si nosotros estamos dispuestos a vivir para Él, también debemos estar dispuestos a dejar lo que no le agrada. Esto es fe en Dios y en Su Palabra. Por fe sé que existe la vida eterna para aquellos que creen en Él y guardan sus mandamientos, pero también por la misma fe entiendo que existe un fuego eterno para los que se rebelan y dan la espalda a su Creador.

En la carta a los Romanos, Pablo nos dijo: *"...Esta es la palabra de fe que predicamos: Que si confesares con tu boca que Jesús es el Señor, y creyeres en tu corazón que Dios le levanto de los muertos, serás salvo"* **Romanos 10: 8-9**.

Tenemos fe en que Jesús vino a la tierra para salvarnos y dar su vida por las nuestras, de esta forma tendremos vida eterna. Si así no lo creemos, nuestra fe es vana. El mismo Pablo nos habla en **1 Corintios 14:17** de la siguiente manera: *"Y si Cristo no resucitó, vana es entonces nuestra predicación, vana es también vuestra fe"*. Gracias a Dios porque aquí está fundamentada nuestra fe, en la muerte y resurrección de Jesucristo y en el perdón de nuestros pecados a través de la cruz.

El justo por su fe vivirá

Existe una extraña doctrina que enseña que el que tiene mayor fe es el que tiene más posesiones y ha alcanzado grandes posiciones. No obstante, cuando estudiamos las Escrituras y la historia, podemos ver que aquellos héroes de fe se pueden identificar, no solo por las grandes proezas que hicieron en el Señor; sino también por lo que vivieron, sufrieron y dejaron, o estuvieron dispuestos a dejar, por causa de su fe. *"El justo por la fe vivirá"*. **Habacuc 2:4**.

Abraham era riquísimo en ganado, en plata y en oro según **Génesis 13:2**, sin embargo, no fue por eso que fue llamado "padre de la fe". Vemos que Abraham dejo su tierra y a su parentela y vivió como extranjero en la tierra, teniendo la mirada en las cosas de arriba (**Hebreos 11:8 al 10 y Hebreos 11:17**). Abraham dejó la seguridad de su herencia por morar en tiendas. Estuvo dispuesto aun a ofrecer su hijo en sacrificio, obedeciendo la petición de Dios, con la fe de que el Señor le levantaría de entre los muertos.

En **Hebreos 11:33-34** vemos que por la fe algunos *"...conquistaron reinos,* *hicieron justicia, alcanzaron promesas, taparon bocas de leones, apagaron fuegos impetuosos, evitaron filo de espada, sacaron fuerzas de debilidad, se hicieron fuertes en batallas, pusieron en fuga ejércitos extranjeros"*. Pero vemos también que por esa misma fe *"Otros experimentaron vituperios y azotes, y además de esto prisiones y cárceles. Fueron apedreados, aserrados, puestos a prueba, muertos a filo de espada; anduvieron de acá para allá cubiertos de pieles de ovejas y de cabras, pobres, angustiados, maltratados;"* **Hebreos 11:36-37**. Si tenemos una fe firme en el Señor debemos estar dispuestos a vivir y a morir por lo que creemos.

Son incontables los cristianos, en estos últimos dos mil años, que han sido muertos en la hoguera, comidos por leones y ultrajados por causa de su fe en Jesucristo. Lamentablemente, estas muertes y estas persecuciones no son parte de una vieja historia, sino que son la cruda realidad que están experimentando muchos de nuestros hermanos alrededor del mundo. Desde mi punto de vista este es un nivel de fe muy elevado, cuando las personas han tenido que dejar casas, trabajos, estudios, aun hasta sus propias vidas, por la fe que una vez les fue conferida.

Por la fe muchos han muerto y otros lo han dejado todo, pero recordemos que tenemos promesas del Señor para esta vida y la venidera. Desmayaríamos si no creyésemos que veremos la bondad de Dios aquí en la tierra de los vivientes, tal como dice el **Salmo 27**. Queremos ver la gloria de Dios tanto aquí en la tierra y aún más allá de esta existencia. En esta fe nos fundamentamos.

Para finalizar con este capítulo, quisiera recordar que la fe es definida como la certeza de lo que se espera. La palabra certeza fue traducida del griego **"Upostasis"**. Profundizando un poco sobre el significado de esta palabra podemos entender que la misma también puede ser traducida como título de propiedad o base. Siendo así, la fe en Jesucristo, en ese testigo fiel, es mi base, mi fundamento, mi punto de partida para comenzar a construir y edificar. Por esta razón le hemos dedicado tantas líneas dentro de este escrito.

La Palabra nos exhorta constantemente a meditar en nuestros caminos. Pablo dijo: *"Examinaos a vosotros mismos si estáis en la fe; probaos a vosotros mismos"* **2 Corintios 13:5**. Debemos examinarnos desde un punto de vista positivo y objetivo, para ver si mi vida es reflejo de la fe que profesamos. Cada quien debe ser vigilante de como construye y de los materiales que usa para la edificación de su vida cristiana. **Judas 20** añade *"... Edificaos sobre vuestra santísima fe, orando en el Espíritu Santo"*. Entonces, teniendo a la fe como fundamento, añadamos virtud.

Capítulo IV

Un carácter excelente

El crecimiento es el paso natural e inmediato que le sigue a un nuevo nacimiento. Es por ello que a nuestra fe se le debe añadir virtud para que gocemos de un desarrollo normal y constante.

La palabra griega que fue traducida como **"virtud"** es **"Areté"**. **Areté** denota una conducta moral excelente, honradez y un carácter digno de admiración. Añadir virtud es buscar de hacer siempre lo mejor y perseguir siempre la excelencia. Es trabajar en el perfeccionamiento de nuestro carácter para que cada vez sea más semejante al de nuestro Padre Celestial. Es tener una disposición constante a actuar conforme al designio de Dios y sus mandamientos. Jesús dijo *"Sed, pues, vosotros perfectos, como vuestro Padre que está en los cielos es perfecto"* **Mateo 5:48** y Pedro dijo: *"como aquel que os llamó es santo, sed también vosotros santos en toda vuestra manera de vivir"* **1 Pedro 1:15**.

Al conocer a Cristo nuestras vidas no deberán ni podrán ser las mismas. Se deben ir gestando en nosotros cambios continuos, que no solo consisten en dejar aquellas cosas que sabemos que desagradan a Dios, sino también en añadir las virtudes que provienen de Él. Es por ello, que muchas personas se darán cuenta que en nosotros ha habido un cambio radical y ahora somos un "nuevo hombre". Entonces nos preguntarán, con agrado, acerca de nuestra nueva fe y cómo esta ha transformado nuestras vidas.

Un nuevo hombre muestra una personalidad llena de gozo, mansedumbre, paz y paciencia. Todo esto viene como consecuencia de que en nosotros hay una nueva naturaleza y un nuevo Espíritu. Es decir somos diferentes en esencia y no solo en apariencias.

Ciertamente, si nos mantenemos en Dios y guardamos sus estatutos, esa

Participantes de la Naturaleza Divina

nueva naturaleza producirá que el que robaba no robe más y el que criticaba no critique más, que el que mentía no mienta más, ya que estas cosas no son parte de ella, sino que pertenecen a la vieja naturaleza carnal y caída.

Si nos movemos en el nuevo hombre veremos manifestadas en nuestras vidas virtudes como la misericordia, por cuanto hemos recibido de Dios misericordia. Paz, porque la paz de Cristo inunda nuestros corazones de una manera que excede todo entendimiento. Paciencia, porque creemos en sus promesas y ellas nos ayudan a mantenernos firmes y a sobreponernos ante todas las vicisitudes. Seremos hombres esforzados, responsables, amadores de lo bueno, sobrios, sinceros, honestos, fieles a nuestras promesas, afables y leales. Reflejaremos el carácter de un verdadero hijo de Dios. El vivir de esta manera trae buenos frutos y prosperidad.

Es importante destacar que el Señor quiere darnos algo mucho más transcendental que una nueva religión. Cuando creemos en Él y le confesamos como nuestro Salvador, se produce en nosotros lo que la Biblia define como un nuevo nacimiento. No se trata de adoptar una nueva religión o nuevas tradiciones, sino de recibir una nueva identidad, la de hijo de Dios; de obtener una nueva ciudadanía, la de los cielos; de recibir un nuevo espíritu, el Espíritu Santo que Él hace morar en nuestros corazones y; de ser participantes de una nueva naturaleza, de su naturaleza divina.

En una oportunidad el Señor le indicó a Nicodemo, unos de los principales entre los judíos, que le era necesario nacer de nuevo. Esto lo podemos encontrar en **Juan 3:4-6;** donde Jesús le habló diciendo:

"De cierto, de cierto te digo, que el que no naciere de nuevo, no puede ver el reino de Dios. Nicodemo le dijo: ¿Cómo puede un hombre nacer siendo viejo? ¿Puede acaso entrar por segunda vez en el vientre de su madre, y nacer? Respondió Jesús: De cierto, de cierto te digo, que el que no naciere de agua y del Espíritu, no puede entrar en el reino de Dios. Lo que es nacido de la carne, carne es; y lo que es nacido del Espíritu, espíritu es".

Para entrar en el reino de Dios se debe producir en nosotros un nuevo nacimiento y éste no tiene nada que ver con la llamada reencarnación, ni tampoco con el volver al vientre de nuestras madres, como lo insinuó Nicodemo; sino que se refiere a un nacimiento espiritual.

Todos pasamos por un nacimiento físico. Todos tenemos un cuerpo que nos sirve como un vehículo para movernos en este mundo material. Somos seres racionales, con voluntad propia, con conciencia y en fin con todas las características que definen al ser humano. Sin embargo, todas las virtudes que se derivan de un nacimiento físico, no les son suficientes al hombre para hacerlo participante de las cosas celestiales y entrar en el Reino de Dios.

Jesús lo enunció muy claramente en **Juan capítulo 3,** cuando dijo: *"Lo que es nacido de la carne, carne es; y lo que es nacido del Espíritu, espíritu es"* Y el que *"no naciere de agua y del Espíritu, no puede entrar en el reino de Dios".* Por su lado, el apóstol Pablo, dijo en **1 Corintios 15:50** *que "... la carne y la sangre no pueden heredar el reino de Dios".* En consecuencia, para poder entrar y heredar el Reino de Dios tenemos que nacer de nuevo a través del Espíritu Santo.

Abriendo un paréntesis, es importante destacar que cuando hablamos de la carne, no nos referimos, meramente, a este cuerpo físico, que fue creado por Dios, sino que nos referimos a esa naturaleza carnal y caída que está en el hombre, que no ha sido regenerada y siempre tiende al pecado. Esta naturaleza actúa conforme a los designios de la carne y a los deseos de este mundo. Ella es enemiga de Dios. En consecuencia, cualquiera que viva bajo su régimen se constituirá en enemigo de Dios. Pero la Justicia de la ley de Dios se cumple en nosotros, los que *"no andamos conforme a la carne, sino conforme al Espíritu. Porque los que son de la carne piensan en las cosas de la carne; pero los que son del Espíritu, en las cosas del Espíritu. Porque el ocuparse de la carne es muerte, pero el ocuparse del Espíritu es vida y paz"* **Romanos 8:4-6**.

Participantes de la Naturaleza Divina

La obra que Dios desea

La religión y la tradición nos enseñan que debemos hacer muchas cosas para poder entrar en el Reino de Dios. Se nos ha dado a entender que todas nuestras obras serán puestas en una balanza, las buenas de un lado y las malas del otro, y dependiendo de adonde ésta se incline determinará un veredicto final, cielo o infierno. En contraposición a esta idea, la Palabra nos enseña que somos salvos por medio de la fe y no por obras (**Efesios 2:8-9**). Claro está, nuestra fe, lo que realmente creemos, será evidenciado a través de nuestras obras; ellas gritan más fuerte que todas nuestras palabras.

Siendo así ¿Cuál es la obra que Dios desea de nosotros? O ¿Qué debemos hacer para ser salvos? Cuando esta interrogante fue planteada al apóstol Pablo y a Silas estos respondieron: *"Cree en el Señor Jesucristo, y serás salvo, tú y tu casa"*. **Hechos 16:31**. Por su lado, cuando le preguntaron a Jesús acerca de que se debe hacer para poner en práctica las obras de Dios, Éste respondió: *"Esta es la obra de Dios, que creáis en el que él ha enviado"* **Juan 6:29**. La misma repuesta para preguntas similares: cree, cree solamente en Jesucristo, el Hijo de Dios y de esta manera estarás haciendo su obra. Esta fe nos llevará a andar en sus caminos y vivir de acuerdo a su Palabra

Los verdaderos cambios que se gestan en la vida del hombre se generan desde su interior y no desde el exterior. Lo externo es solo el reflejo de lo interno. En la medida que le permitamos al Señor que haga su obra en nuestros corazones, en esa misma medida su labor se hará claramente visible en nuestra realidad cotidiana. Se evidenciarán cambios en nuestro carácter, en nuestro proceder y aún en nuestras circunstancias y veremos ese fruto del Espíritu abundando en nosotros. El Señor desea hacer su obra en nosotros para que estemos enteramente preparados para andar y permanecer en sus caminos, para que podamos ser sus colaboradores e instrumentos útiles en sus manos.

De acuerdo con **Efesios 2:10** nosotros *"Somos hechura suya, creados en Cristo Jesús para buenas obras, las cuales Dios preparó de antemano para que anduviésemos en ellas"*. Tal como lo enuncia la Palabra, las obras ya fueron preparadas con anticipación y el Señor no nos pide que las hagamos

Un carácter excelente

sino que andemos en ellas. Note que no se trata de que yo voy a esforzarme para hacer muchas cosas para Dios, se trata de que si permanecemos en el Señor y Él permanece en nosotros, andaremos en sus caminos de manera natural, trabajando en su obra y participando en sus negocios; no por imposición, ni por religión, porque esto produce desgaste e inconformidad, sino porque una nueva naturaleza está reinando en nosotros y ésta trae consigo las virtudes del Espíritu.

Las obras de Dios son el fruto de andar en un nuevo Espíritu. *"Dios es el que en vosotros* (en nosotros) *produce así el querer como el hacer, por su buena voluntad"* **Filipenses 2:13**. No solo producirá el querer, porque de esta manera no pasaríamos de ser más que soñadores, sino que producirá también el hacer y, de este modo, la obra es perfeccionada.

Ahora ¿Qué tiene que ver todo esto con las virtudes que debemos añadir? ¡Mucho! ya que las virtudes que el Señor quiere ver reflejadas en nosotros son las que se desarrollan a través del andar y del vivir en un espíritu renovado y en una nueva naturaleza.

Muchas de las llamadas "virtudes humanas", aquellas que no proceden de un corazón sincero y de un espíritu afable, no son del agrado de Dios, ya que provienen de una naturaleza caída, pecaminosa y egoísta, por lo tanto no están revestidas de Jesucristo y de su amor.

Las aparentes "**bondad y piedad**", aquéllas que no provienen de Dios, están llenas de intereses y esperan adulaciones. Las obras que estas hacen son para ser vista por los hombres, lograr lisonjas de ellos, evitar pagar mayores impuestos o para obtener una satisfacción interna que ayude al individuo a lidiar con su sentido de culpabilidad. Estas eran las características que describían la personalidad de muchos fariseos, quienes aparentaban vivir una vida muy religiosa y llena de piedad, pero en realidad amaban el ser visto y reconocido por todos.

Jesús nos enseñó en **Mateo 6** que nos guardásemos de hacer nuestra justicia delante de los hombres, para ser vistos. Nos dijo, que cuando demos limosna que no sepa nuestra mano izquierda lo que hace la derecha, porque de lo contrario, ciertamente seremos reconocidos por los hombres y recibiremos alabanzas de ellos, pero no de Dios. Lo que el hombre tiene como sublime delante de Dios es abominación.

Estas no son las virtudes de las que hablamos, ni las que deseamos. Las virtudes a las que hacemos referencia son las que proceden de Dios, las que son resultado de tener al Espíritu de Dios morando en nosotros. Según **Santiago 1:17** *"Toda buena dádiva y todo don perfecto desciende de lo alto del Padre de las luces"*

Los esfuerzos religiosos para acercarse a Dios y hacer su obra resultan infructuosos, desgastantes y no son de su agrado. Para ilustrar un poco este concepto, les pongo como ejemplo la historia de Caín y Abel, hijos de Adán y Eva. *"Y aconteció andando el tiempo, que Caín trajo del fruto de la tierra una ofrenda a Jehová. Y Abel trajo también de los primogénitos de sus ovejas, de lo más gordo de ellas. Y miró Jehová con agrado a Abel y a su ofrenda; pero no miró con agrado a Caín y a la ofrenda suya"*. **Génesis 4:3-5**.

Podemos observar que ambos hermanos llevaron una ofrenda delante del Señor. La primera ofrenda, la de Caín, representa el esfuerzo humano y el fruto de su trabajo. De alguna manera simboliza la moralidad y religiosidad que pretenden llegar a Dios por medio de sus propios medios y a su manera. Es por ello que ni Caín ni su ofrenda fueron agradables ante los ojos del Señor.

La religión piensa que por hacer buenas acciones se puede alcanzar el Reino de Dios. Pretende que por dar unas buenas limosnas, asistir a unas reuniones o caminar descalzos durante varios kilómetros se puede agradar a Dios. Insinúa que ostentando ciertos títulos o posiciones jerárquicas, dentro de organizaciones religiosas, se está más cerca de Dios. Nada está más lejos de la realidad. Estos no son los sacrificios que el Señor demanda. Lo que Dios espera de nosotros es un corazón arrepentido, obediente y dispuesto a ser moldeado por Él. Que le alabemos no solo de labios, sino con nuestras propias vidas, llevando el perfume de Cristo y de su conocimiento por doquier.

Un carácter excelente

La segunda ofrenda, la de Abel, era de las ovejas más gordas, simbolizando a Cristo el Cordero de Dios, que quita el pecado del mundo. Todo lo que ofrecemos a Dios, toda virtud, todo trabajo, en fin toda ofrenda, debe estar revestida de Cristo mismo, de su amor, humildad y misericordia, para que puedan ser vistas con agrado delante de los ojos del Altísimo.

Saulo de tarso, quien a la postre se convertiría en el apóstol Pablo, gozaba de muchos atributos que sin duda alguna le permitían disfrutar de prestigio y de respeto en cuanto al pensamiento religioso de su época. Sin embargo, luego de tener un encuentro personal con Jesús, pudo reconocer y admitir que los mismos no le eran provechosos ni le traía ganancia en relación al conocimiento de Cristo y la vida eterna. En su epístola a los Filipenses dijo:

"...si alguno piensa que tiene de que confiar en la carne, yo más: Circuncidado al octavo día, del linaje de Israel, de la tribu de Benjamín, hebreos de los hebreos, en cuanto a la ley fariseo, en cuanto a celo, perseguidor de la Iglesia, en cuanto a justicia que es por la ley, irreprensible. Pero cuantas cosas eran para mi ganancia, las he estimado como pérdida por amor de Cristo. Y ciertamente, aun estimo todas las cosas como pérdida por la excelencia del conocimiento de Cristo Jesús, por amor del cual lo he perdido todo, y lo tengo por basura, para ganar a Cristo, y ser hallado en él, no teniendo mi propia justicia, que es por la fe de Cristo, la Justicia que es de Dios por la fe" **Filipenses 3:4-9**.

Ser hebreo, fariseo, de la tribu de Benjamín e irreprensible en cuanto a la ley, sin duda alguna eran ganancias en su época; sin embargo, Pablo lo puso todo por basura para ganar a Cristo. En la actualidad, tal vez gozamos de buena reputación, respeto y una buena posición, tanto en la iglesia como en el mundo secular, pero sin Cristo y sin su amor, a la larga todo esto será pérdida y resultará en basura.

De nada aprovecha, en lo espiritual, que expongamos en las iglesias hermosas voces líricas, si nuestro objetivo es el de obtener el elogio de los hombres y no dar la gloria a Dios. De nada nos sirve el gozar de grandes posiciones, en cuanto a las jerarquías religiosas, sino tenemos el amor de Dios en nuestros corazones y somos inmisericordes para con nuestro prójimo. Cualquier obra de caridad, por más grande o noble que parezca, es inservible si detrás de ella no conseguimos la presencia del Señor.

Con todo lo anteriormente expresado, no quiero desalentarlos en cuanto al hacer buenas obras; al contrario, quiero que las buenas obras que hagamos traigan frutos verdaderos, que redunden para vida eterna. Dios quiere que nos pongamos en la brecha y tomemos nuestro arado para que participemos en toda su obra. Recordemos que la mies es mucha y los obreros pocos.

Dios conoce nuestra realidad

Antes de continuar, quisiera aclararle que la palabra religión en sí misma no es mala, si es que de alguna manera me han mal interpretado, ya que ella nos habla en cierto sentido de estar re-ligados a Dios. La carta de Santiago nos dice que existe una religión pura y sin mácula delante de Dios, y esta es: *"...Visitar a los huérfanos y a las viudas en sus tribulaciones, y guardarse sin mancha del mundo"*. **Santiago 1:27**.

En este capítulo, cuando hemos hablado con relación al pensamiento religioso, que no es agradable delante de Dios, nos hemos referido a aquella forma de vida que se basa en apariencias, en ornamentos y en el actuar de manera simulada o por conveniencia. Esta manera de vivir busca el reconocimiento de los hombres, pero verdaderamente se encuentra lejos de la justicia de Dios. Jesús detesta este tipo de pensamiento, por ello afirmó que existe un "Ay" para los que viven de tal manera. Él les decía a los escribas y fariseos:

"¡ay de vosotros escribas y fariseos, hipócritas! Porque sois semejantes a sepulcros blanqueados, que por fuera a la verdad se muestran hermosos, mas por dentro están llenos de huesos y de toda inmundicia. Así también vosotros por fuera, a la verdad os mostráis justos a los hombres, pero por dentro están llenos de inmundicia e iniquidad" **Mateo 23:27-28**.

La Palabra nos insta a que debemos traer frutos dignos de arrepentimiento. El verdadero arrepentimiento implica un cambio de mente y de actitud. No es como algunos piensan que es un mero remordimiento de lo que hice en un pasado. El arrepentimiento es cambiar de opinión, dar un giro de 180 grados y dejar mi camino y alinearme al de Dios. Nuestro arrepentimiento debe ser genuino y no puede estar basado en apariencias. No podemos conformarnos con decir que somos hijos de Dios, sino que debemos mostrarlo con hechos.

Nosotros podríamos aparentar y convencer a todos los hombres acerca de cuál es nuestra verdadera personalidad; pero el Señor que es Omnisciente, sabe lo que hay en nuestros corazones y nos conoce en lo más íntimo. Él ama la integridad en la intimidad. Juzga los secretos y los corazones de los hombres (**Romano 2:16**). Sabe que hay en nuestras conciencias y cuál es nuestra realidad. No se mueve por las apariencias, sino que conoce desde lejos nuestros pensamientos y antes de que la palabras lleguen a nuestras bocas, Él las sabe (**Salmo 139**).

Uno de los motivos que ha impedido al hombre acercarse a Dios, es el hecho de que es acusado por su propia conciencia. Pensamos que somos muy pecadores o que nuestro pasado ha sido muy turbio para estar delante su presencia. Argumentamos que queremos poner en orden nuestras vidas antes de ir ante su trono y ponernos a cuenta con Él. Contrariamente a todos estos pensamientos, el motivo principal por el cual debemos acercarnos a nuestro Dios es porque reconocemos que somos pecadores, que tenemos problemas y estamos enfermos. No son los sanos los que necesitan del médico, sino los enfermos. Jesús es nuestro médico y Él dijo que no vino a llamar a justos, sino a pecadores al arrepentimiento. Acerquémonos pues confiadamente al Señor ya que Él no desprecia un corazón contrito y humillado (**Salmos 51:17**).

Capítulo V

El conocimiento de Dios

A través de la lectura de diversas cartas Paulinas, podemos deducir que uno de los principales motivos de oración del apóstol era que Dios hiciera abundar en la iglesia sabiduría e inteligencia espiritual, basadas en el conocimiento de Jesucristo. Veamos algunos versículos para evidenciar esta verdad:

En **Colosenses 1:3, 4, 9 y 10** Pablo lo expresó de la siguiente manera: *"Siempre orando por vosotros, damos gracias a Dios, Padre de nuestro Señor Jesucristo, habiendo oído de vuestra fe en Cristo Jesús, y del amor que tenéis a todos los santos"*, *".... Por lo cual también nosotros, desde el día que lo oímos, no cesamos de orar por vosotros, y de pedir que seáis llenos del conocimiento de su voluntad en toda sabiduría e inteligencia espiritual, para que andéis como es digno del Señor, agradándole en todo, fructificando en toda buena obra, y creciendo en el conocimiento de Dios".*

En **Filipenses 1: 6, 9-10** lo enfatizó de la siguiente forma: *"...estando persuadido de esto, que el que comenzó en vosotros la buena obra, la perfeccionará hasta el día de Jesucristo;"..."Y esto pido en oración, que vuestro amor abunde más y más en ciencia y en todo conocimiento, para que aprobéis lo mejor, a fin de que seáis sinceros e irreprensibles para el día de Cristo".*

Y en **Efesios 1:17-18** dijo *"Por esta causa también yo, habiendo oído de vuestra fe en el Señor Jesús, y de vuestro amor para con todos los santos, no ceso de dar gracias por vosotros, haciendo memoria de vosotros en mis oraciones, para que el Dios de nuestro Señor Jesucristo, el Padre de gloria, os dé espíritu de sabiduría y de revelación en el conocimiento de él, alumbrando los ojos de vuestro entendimiento, para que sepáis cuál es la* *esperanza a que él os ha llamado, y cuáles las riquezas de la gloria de su herencia en los santos, y cuál la supereminente grandeza de su poder para con nosotros los que creemos, según la operación del poder de su fuerza, la cual operó en Cristo, resucitándole de los muertos y sentándole a su diestra en los lugares celestiales,...".*

En los textos citados anteriormente, observamos como la oración del apóstol estaba orientada a que la iglesia fuera llena del conocimiento de Dios y de sabiduría espiritual. Pablo reconocía la fe y el amor que había en las congregaciones; no obstante, oraba para que esa fe y ese amor fueran acompañados por un crecimiento constante en ciencia y, de esta forma, la iglesia pudiera desarrollarse de una manera adecuada y entendiera cuál era su posición espiritual.

Ante todo, quisiera destacar que el objetivo principal del conocimiento no está orientado hacia algo, sino hacia alguien, y ése alguien es la persona de Jesucristo. Es necesario escudriñar las Escrituras para conocer Quién es nuestro Señor, cómo actúa, qué piensa, cuál es su voluntad, qué ama y qué aborrece. Más que conocer sobre Él, el deseo de Dios es que le conozcamos a Él. Jesús dijo: *"Y esta es la vida eterna: que te conozcan a ti, el único Dios verdadero, y a Jesucristo, a quien has enviado"* **Juan 3:17**.

Seguidamente, el conocimiento persigue el objetivo de ayudarnos a caminar como es debido delante del Señor y a agradarle en todo tiempo. La Palabra de Dios ilumina nuestras sendas y nos muestra el camino por donde debemos transitar y, de esta manera, nos lleva a experimentar una vida cristiana fructífera, ya que nos moveremos con principios universales y eternos.

Por último, el conocimiento nos permite entender cuál es nuestra posición espiritual, cuál es nuestra herencia como hijos de Dios y cuál es la esperanza a la que hemos sido llamados.

Ahora bien, nosotros ya hemos sido constituidos como hijos de Dios, mediante la fe en Jesucristo. Por ende, es nuestra responsabilidad crecer en el conocimiento de Dios y de su Palabra para que podamos entender cuáles son nuestros deberes y derechos como hijos y coherederos de la gracia.

Es necesario que la obra que se comenzó en nosotros sea perfeccionada. No podemos conformarnos con decir que somos hijos de Dios y que Jesucristo es nuestro Señor y con eso basta. Estudiando las Escrituras conoceremos cuál es la fe, la esperanza y las promesa que proclama este evangelio. Pedro dijo: *"... Estad siempre preparados para presentar defensa con mansedumbre y reverencia ante todo aquel que os demande razón de la esperanza que hay en vosotros"* **1 Pedro 3:15**. Si no tenemos conocimiento sólidos en relación a nuestra fe. ¿Cómo podemos defenderla? ¿Cómo podemos transmitirla? Así que, es necesario añadir a nuestra virtud, conocimiento.

Ahora bien, para poder disfrutar completamente de una herencia debemos conocerla y, sobre todo, capacitarnos para ser buenos administradores de la misma. En contraste, si se desconoce su magnitud y alcance, no se hará usufructo pleno de ella. Por ejemplo, si alguien recibe un patrimonio de 3000 hectáreas de tierra, pero solo conoce o transita por el 10% de ellas, dejará de disfrutar y de saber cuál es el potencial del resto. Tal vez se desconozcan los árboles frutales que hay en los rincones más lejanos, los terrenos más idóneos para construir una buena casa o se ignora acerca de aquellas espectaculares vistas, que solamente pueden ser apreciadas desde los lugares más altos.

Si no conocemos nuestra posición como hijos de Dios nunca podremos hacer usufructo completo de lo que es nuestro ¡Cómo cambiaría la vida de un hombre que vive como esclavo y que luego se entera que es un hijo y es reconocido como tal¡ Comenzaría a gozar de los privilegios y las bendiciones de los hijos. Podría transitar por todos aquellos lugares que anteriormente les eran prohibidos. Pasaría a la mesa del padre juntamente con sus hermanos. Esos éramos nosotros en el sentido espiritual; esclavos y extranjeros, pero ahora somos hijos y coherederos. Podemos comer en la mesa del Rey, habitar en sus habitaciones y gozar de todos los privilegios que solo son atribuibles a los hijos. *"Todo es vuestro"*, como dice la Escritura.

En contraposición, si somos niños en sentido espiritual e ignorantes de nuestra heredad, aunque seamos legítimamente dueños de todo y reconocidos como tales, no podemos gozar a plenitud de nuestro patrimonio hasta que hayamos alcanzado el grado de madurez adecuado. Pablo nos enseña que *"Entre tanto que el heredero es niño, en nada difiere del esclavo, aunque es señor de todo; sino que está bajo tutores y curadores hasta el tiempo señalado por el padre"* **Gálatas 4:1-2**.

El hijo, aun siendo niño, es dueño de todo, incluso de la casa misma donde habita, ya que los padres le han otorgado ese derecho. No obstante, por el hecho de ser un infante, no va a poder disfrutar plenamente de esos bienes hasta que haya crecido y se haya preparado para hacer un uso apropiado de los mismos.

Algunas veces nos comportamos como infantes, nos babeamos, hacemos berrinches, no soportamos la disciplina, nos halamos los cabellos los unos a los otros y nos celamos. Aunque no perdamos la condición de hijos, estaremos viviendo como esclavos sin disfrutar de aquello para lo cual hemos sido llamados.

Necesitamos crecer espiritualmente si queremos que Dios nos use como instrumentos útiles y cumpla su propósito en nuestras vidas. Él necesita personas maduras para encomendarles las tareas que ha preparado de antemano, para que sean buenos administradores de sus bienes y para ponerlos como gobernantes en su casa. Personas de buen testimonio, que hayan decidido arrepentirse, cambiar de actitud y de conducta y poner sus vidas al servicio de Dios.

En la primera carta a los corintios, Pablo nos exhorta diciendo: *"Hermanos, no seáis niños en el modo de pensar, sino sed niños en la malicia, pero maduros en el modo de Pensar"* ***1 Corintios 14:20***. El conocimiento de Dios y de su Palabra es uno de los aspectos fundamentales que debe ser añadido a la vida de todo creyente para que pueda desarrollarse hasta alcanzar la madurez. Sin el conocimiento y el discernimiento espiritual el pueblo es maleable y puede ser llevado de un lado a otro por falsas doctrinas y movido de su manera de pensar y de creer; y, tal como lo dicen las Escrituras, el pueblo es llevado cautivo por la falta de conocimiento.

El conocimiento de Dios

La ignorancia es tinieblas y el conocimiento, luz. Permanecer sin conocimiento es permanecer en la oscuridad y en esclavitud. Satanás, el príncipe de las tinieblas, ciega el entendimiento de los incrédulos para que no les resplandezca la luz del evangelio de Cristo (**2 Corintios 4:4**), con la intención de que los hombres permanezcan bajo penumbras y en cautiverio. Por lo tanto, si deseamos ser verdaderamente libres necesitamos llenarnos del conocimiento de Dios, el cual disipa toda ignorancia y lava nuestros ojos.

Jesús dijo:

"...Si vosotros permaneciereis en mi palabra, seréis verdaderamente mis discípulos; y conoceréis la verdad, y la verdad os hará libres" **Juan 8:32**.

La teoría y la práctica

Cuando hablamos de añadir conocimiento no nos referimos a llenar nuestro intelecto de muchos conceptos y definiciones acerca de Dios o de las diferentes religiones del mundo. Éste no es nuestro objetivo, ya que muchos de los que han sido considerados como grandes teólogos, religiosos y estudiosos, han mostrado a través de sus hechos, que no conocen verdaderamente al Señor.

La gran mayoría de los escribas, saduceos y fariseos, en el tiempo de Cristo, estaban empapados de conocimiento acerca de los mandamientos de Dios, de las tradiciones y de los ritos concernientes a la vida religiosa. Conocían mucho acerca del Mesías y de las profecías escritas en torno a Él, pero cuando Dios se hizo carne y el Mesías anduvo entre nosotros, no lo conocieron sino que más bien le crucificaron. Por ello, la palabra nos dice en el evangelio que Jesús *"a lo suyo vino, y los suyos no le recibieron"* **Juan 1:11**. No le recibieron porque no le reconocieron, ni su Palabra no halló cabida en sus corazones, porque estaban embotados en sus propios razonamientos.

De igual manera, en la actualidad, muchos están cegados en cuanto al conocimiento de Dios y, tal como dice **Romanos 1:21-22**, *"... habiendo conocido a Dios, no le glorificaron como a Dios, ni le dieron gracias, sino que se envanecieron en sus razonamientos, y su necio corazón fue* *entenebrecido. Profesando ser sabios, se hicieron necios"*. Su intelectualidad ha entenebrecido sus vistas hasta cegarlos completamente.

Por nuestro lado, como hijos, debemos reconocer que necesitamos aprender del Señor todos los días de nuestras vidas y que solo somos sus discípulos, o sea, sus aprendices. Cuando perdemos esta visión dejamos de crecer en cuanto al conocimiento de Cristo. A partir del momento en que pensamos que todo lo sabemos y que no tenemos necesidad de que nadie nos enseñe, hasta ese punto crecemos.

Pablo dijo que si alguno se cree sabio en este mundo, hágase ignorante para que llegue a ser sabio (**1 Corintios 3:18**). Jesús también exhortó a los fariseos diciéndoles: *"Si fuerais ciegos, no tendríais pecado; mas ahora, porque decís: Vemos, vuestro pecado permanece"* **Juan 9:41**. Es decir, si creemos que todo lo sabemos y que vemos con nuestros propios ojos, permaneceremos en la oscuridad, la ignorancia, el pecado y la muerte. No seríamos diferentes a la Iglesia en Laodicea, descrita en **Apocalipsis 2**, quienes afirmaban que lo poseían todo y que no tenían necesidad de nada. Sin embargo, ante la vista del Señor, eran desventurados, ciegos, pobres, miserables y desnudos. Solamente en la luz de Jesús, veremos la luz. Él es quien lava nuestros ojos y los unge con colirio.

Nuestro saber, en cuanto al Señor, no se puede fundamentar en argumentos humanos ni en conocimientos adquiridos por medio de las tradiciones o el estudio de las religiones, porque corremos el riesgo de convertirnos en seres con grandes cabezas, pero con corazones muy estrechos. Podríamos embotarnos de mucho conocimiento acerca de Dios y sin embargo no tener una relación personal con Él. Podríamos hablar mucho del Señor; empero, tenerlo al frente y no reconocerlo.

El conocimiento de muchos ha sido en gran parte referencial. Muchas de las cosas que hablamos acerca del Señor son repeticiones de argumentos y palabras provenientes de nuestros familiares, de lo que hemos visto en películas y documentales o hemos recibido a través de diversas literaturas y tradiciones. Si esta ha sido nuestra realidad, considero que ya ha llegado la

El conocimiento de Dios

hora de ponerle fin. Es tiempo de que tengamos un encuentro personal con nuestro Creador y de conocerle en intimidad, no solo por lo que otros han dicho de Él.

Damos gracias al Señor por todos los testimonios y experiencias que han vivido muchos de nuestros hermanos, a lo largo de la historia. Los profetas tuvieron sus experiencias y los apóstoles las suyas, pero ahora es necesario que también nosotros tengamos las nuestras. Más que referencias queremos realidades. Queremos tener un contacto con el Altísimo y que, tal como le ocurrió al siervo Job, podamos no solo hablar de sus maravillas sino también vivirlas y experimentarlas. Job pudo reconocer y decir *"Yo hablaba lo que no entendía, cosas demasiado maravillosas para mí, que yo no comprendía"... "De oídas te había oído, más ahora mis ojos te ven"*. **Job 42:3, 5.**

El conocimiento no debe ser solamente un ejercicio intelectual, sino que debe existir un balance entre la teoría y la práctica, porque la fe sin obras está muerta. Muchos de los escribas y fariseos manejaban muy bien la Palabra de Dios, como conceptos, pero no la practicaban. De hecho, Jesucristo llegó a decir con respecto a ellos que: *"En la cátedra de Moisés se sientan los escribas y los fariseos. Así que, todo lo que os digan que guardéis, guardadlo y hacedlo; mas no hagáis conforme a sus obras, porque dicen, y no hacen"* **Mateo 23:2-3.**

La única forma de que las palabras de Dios se hagan una realidad en nosotros es cuando nos ejercitamos en ellas, viviéndolas día a día. No se trata de recibir una palabra un día domingo en la congregación o una buena enseñanza durante cualquier otro día de la semana, sino de practicarla en nuestra vida cotidiana. Si esto no acontece, para nosotros la Palabra no pasará de ser solo teorías y versos hermosos, pero no harán cambios reales y profundos en nuestra existencia.

"Pero sed hacedores de la palabra, y no tan solamente oidores, engañándoos a vosotros mismos" **Romanos 2:13.** *"porque no son los oidores de la ley los justos ante Dios, sino los hacedores de la ley serán justificados"* **Santiago 1:22.**

La Palabra como fuente de conocimiento

Cuando se compra un artefacto nuevo, éste normalmente viene acompañado de un manual de instrucciones que nos sirve de guía para su uso adecuado. Cuando hacemos caso omiso a estos instructivos, podríamos poner a funcionar al equipo incorrectamente y acortar su vida útil. De un modo similar, la Biblia es nuestro manual de vida. Por lo tanto, debemos usarla como el instructivo que nos guíe en todos nuestros asuntos, ya que en ellas están plasmadas las directrices que Dios mismo nos ha dado para vivir una vida plena, sin miedos y próspera.

No tenemos necesidad de andar por este mundo a ciegas, sin rumbo y sin orientación, ya que en las Escrituras encontramos la luz que ilumina nuestro camino y el faro que nos muestra la senda por donde hemos de andar. Cuando observamos y vivimos las palabras allí escritas, daremos buenos frutos y podremos ver el cumplimiento del propósito de Dios en nuestras vidas. Ellas se constituirán en una fuente de consolación, sabiduría, medicina y vida eterna. La Palabra de Dios es perfecta, tiene poder para transformar nuestra alma y hacer sabio al sencillo **(Salmos 19:7)**.

Ustedes se preguntarán que tiene la biblia que la hace tan especial o diferente a todos los otros libros. Primeramente, su procedencia. El apóstol Pedro dijo: *"... ninguna profecía de la Escritura es de interpretación privada, porque nunca la profecía fue traída por voluntad humana, sino que los santos hombres de Dios hablaron siendo inspirados por el Espíritu Santo"* **2 Pedro 1:19-21.** Por su parte, Pablo escribió en su segunda carta a Timoteo que: *"toda la Escritura es inspirada por Dios y útil para enseñar, para redargüir, para corregir, para instruir en justicia, a fin de que el hombre de Dios sea perfecto, enteramente preparado para toda buena obra""* **2 Timoteo 3:16-17.**

Dios usó a hombres mortales como instrumentos para transcribir la Palabra, pero Él mismo fue la fuente de su inspiración. El mismo le sopló el aliento. La Biblia fue escrita desde el Espíritu y debe ser leída desde el Espíritu para que pueda ser comprendida. Se debe amoldar lo espiritual a lo espiritual, ya que desde nuestras propias mentes no podremos llegar a develar los misterios allí escritos.

En segundo lugar, la Palabra de Dios, a diferencia de las palabras humanas, no es inerte sino que tiene vida. Ella, tiene un poder transformador incomparable, más que ningún otro libro escrito o por escribir. Según **Jeremías 23:29** la Palabra de Jehová es como fuego y como un martillo que quebranta la piedra. Ella viene a quebrantar la roca de nuestros corazones para transmutarlo de uno de piedra a uno de carne, sensible ante las necesidades de los demás y ante la obra del Señor.

Por último, la Palabra de Dios se cumple en todo tiempo. Aunque los libros de la Biblia fueron escritos hace miles de años, son más actuales que el periódico de mañana y la revista del mes entrante. Su vigencia se hace palpable cuando nos damos cuenta que ella ha hablado a los hombres desde los tiempos antiguos y lo sigue haciendo hasta ahora. Las Escrituras hablan directamente al corazón y discierne lo que hay en la profundidad de él.

La Palabra de Dios es inquebrantable y gracias al Señor porque es así, ya que ella misma sostiene el universo y, sin ella, el universo sería un caos. Jesús dijo en **Mateo 24:35** *"El cielo y la tierra pasarán, pero mis palabras no pasarán"* y en **Mateo 5:18** dijo *"Porque de cierto os digo que hasta que pasen el cielo y la tierra, ni una jota ni una tilde pasará de la ley, hasta que todo se haya cumplido"*.

Es importante destacar que las palabras humanas llegan al intelecto y cambian, en muchos aspectos, nuestra perspectiva de las cosas. De igual manera, tienen el poder de condicionar nuestros pensamientos y producir en nosotros ciertas sensaciones y emociones, pero nunca llegarán a tener el poder, el impacto y el alcance transformador que tiene la Palabra de Dios.

La Palabra habla al alma del hombre, sin hacer distinción de su edad, sexo, estrato social, nacionalidad o raza. Ella tiene el poder de llegar hasta los tuétanos y partir el alma. Ellas realizan una acción, causan efecto. **Isaías 55:10,11** dice *"... mi palabra que sale de mi boca; no volverá a mí vacía, sino*

Participantes de la Naturaleza Divina

que hará lo que yo quiero, y será prosperada en aquello para que la envié".

Si bien toda la Biblia fue inspirada por Dios, ella no debe ser usada de cualquier manera. En las Escrituras podemos encontrar infinidad de consejos, pero no todos son para la misma situación ni causarán el mismo efecto en diferentes personas. No todas las situaciones son las mismas. Cada cabeza es un mundo y cada corazón es diferente. Dios sabe cuáles son las palabras que debe hablar a cada corazón, según la necesidad y según la conveniencia. En consecuencia, es necesario que llevemos la Palabra desde el Espíritu para que tenga el efecto deseado y cumpla el objetivo para el cual Dios la envió.

Para concluir, quisiera destacar que la Biblia es un libro sobre todo espiritual, por lo tanto no se puede discernir de cualquier manera. Su lectura debe ir acompañada por la oración para que el Señor abra nuestros ojos y alumbre nuestros sentidos espirituales.

La fuente de la sabiduría

Está escrito: *"Destruiré la sabiduría de los sabios, Y desecharé el entendimiento de los entendidos.... ¿No ha enloquecido Dios la sabiduría del mundo? Pues ya que en la sabiduría de Dios, el mundo no conoció a Dios mediante la sabiduría, agradó a Dios salvar a los creyentes por la locura de la predicación"* **1 Corintios 1:19-21**.

Mediante el conocimiento y razonamiento humano no se puede llegar a Dios. Todo esfuerzo de acercarse a Él, a través de estos medios, sería infructuoso y, tal como les ocurrió a los constructores de la torre de babel, esta empresa traería como fruto, la confusión. Muchos pretenden descifrar la mente Dios mediante la sabiduría terrenal, a través de la iluminación, pero esta es una tarea imposible.

Nadie puede conocer a Dios desde su propia mente, porque el intelecto humano es finito pero la mente de Dios es infinita. Lo finito no puede contener a lo infinito. De acuerdo con la cita extraída de primera de Corintios, Dios se da a conocer a los hombres por medio del mensaje del evangelio y, de esta forma, da salvación a los que creen. Para algunos este mensaje es locura pero

El conocimiento de Dios

para los que hemos creído es poder de Dios y sabiduría de lo alto.

Por medio del Espíritu Santo es que podemos tener contacto con Jesús en intimidad y conocerlo en profundidad. El Señor nos revela las cosas ocultas y los misterios del reino a través del Espíritu que ha hecho morar en nosotros, porque *"el Espíritu todo lo escudriña, aun lo profundo de Dios"* **1 Corintios 2:10**. Cuando Él abre nuestros ojos, nos devela los misterios que se hallan en la Palabra, haciendo caer el velo de la ignorancia.

Ahora bien, ¿cómo podemos llegar a obtener conocimiento y sabiduría de Dios? Según **Isaías 57:15** Dios habita en la altura y la santidad y con el quebrantado y humilde de espíritu. No hay de puntos intermedios. Siendo así, nadie puede llegar a Dios a través de sabiduría humana y mucho menos acercarse a Su presencia con una actitud de soberbia. Es por ello que si queremos acercarnos a Dios y beber de su fuente de sabiduría y de conocimiento, debemos hacerlo desde el Espíritu, con un corazón contrito, humillado y sencillo, haciendo de lado todo orgullo y toda soberbia intelectual.

Dios mira de lejos al altivo y al soberbio, mas toma en cuenta a los humildes. Jesús en su ministerio terrenal no escogió a los intelectuales de este mundo, ni a los grandes eruditos, ni a los que se consideraban muy religiosos y piadosos; sino hombres del vulgo, en su mayoría sencillos pescadores para, a través de ellos, mostrar el poder de su sabiduría. Hombres que no se consideraban competentes ni fuertes en sí mismos, sino que hallaron sus fuerzas y competencias en el Señor.

Jesús, regocijado en el Espíritu, dijo: *"Yo te alabo, oh Padre, Señor del cielo y de la tierra, porque escondiste estas cosas de los sabios y entendidos, y las has revelado a los niños. Sí, Padre, porque así te agradó"* **Lucas 10:21**. Los misterios de Dios son encubiertos al intelecto humano pero son revelados a aquellos corazones que se acercan a Dios reconociendo su debilidad. Nadie es fuerte en sus propias fuerzas ni sabio en su propia sabiduría.

Pablo, por su lado, en **1 Corintios 1:27-29** dijo: *"... lo necio del mundo* *escogió Dios, para avergonzar a los sabios; y lo débil del mundo escogió Dios, para avergonzar a lo fuerte; y lo vil del mundo y lo menospreciado escogió Dios, y lo que no es, para deshacer lo que es, a fin de que nadie se jacte en su presencia.*

Peligros del conocimiento

"El conocimiento envanece, pero el amor edifica" **1 Corintios 8:1**.

Cuando nos creemos muy inteligentes e intelectuales, nos hacemos soberbios e intolerantes, queriendo imponer nuestros puntos de vista y menospreciando el de los demás. Respondemos antes de escuchar y somos impacientes. Este tipo de actitudes divide, en vez de edificar y promueve una esfera de amargura en lugar de concordia. El libro de Eclesiastés dice:

"Lo cierto es que mientras más se sabe, más se sufre; mientras más se llena uno de conocimientos, más se llena de problemas". **Eclesiastés 1:18** Versión TLA.

El Señor desea que seamos perfectos y cabales, pero en Él. No con nuestra sabiduría, sino con la suya. La Palabra nos habla acerca de dos tipos de sabiduría. La primera es *"animal, terrenal y diabólica"* (**Santiago 3:15**). Esta no procede de Dios y está llena de celos amargos y contenciones. Por ella es que se producen las divisiones, guerras, homicidios, divorcios, pleitos, discusiones y muerte. Cada quien defiende lo suyo, sus pensamientos, conceptos e ideas; nadie defiende lo que es de Cristo ni lo que lleva a la mutua edificación. Cada quien con sus argumentos, dizque válidos, consigue la razón para alejarse de su hermano, desconociendo e ignorando cual es la voluntad de Dios, la cual es que andemos en unanimidad, en una mente y un mismo sentir.

Por otro lado, la segunda sabiduría es la que viene de lo alto y **Santiago 3:17** la describe primeramente como *"pura, después pacífica, amable, benigna, llena de misericordia y de buenos frutos, sin incertidumbres ni hipocresías"*. Esta sabiduría refleja el fruto de vivir una vida en el Espíritu y de participar de la naturaleza divina. Santiago añadió que si a alguno le faltaba sabiduría,

El conocimiento de Dios

que se la pidiera a Dios, Quién da a todos abundantemente y sin reproches, pero que pidamos con fe.

El conocimiento sin amor puede resultar peligroso, inclusive tratándose del conocimiento de la Palabra de Dios. Pablo dijo *"... porque la letra mata, mas el espíritu vivifica"* **2 de Corintios 3:5.**

Esto no quiere decir que la letra (la palabra como logos) sea mala o que no debemos estudiarla y escudriñarla. Al contrario, la lectura de ella debe ser nuestro pan de cada día. Lo que quiere decir es que el conocimiento y la letra, sin el amor y la sabiduría de Dios, pueden ser usados como instrumentos para causar daño e infringir muerte. Muerte espiritual.

Muchos de los escribas y fariseos, en tiempo de Cristo, usaban su conocimiento de la ley para juzgar, condenar y matar. Pero Jesús, Quién era el Verbo hecho carne, le daba todo el sentido a la Palabra y la usaba como un instrumento para perdonar, liberar y dar vida.

Algunos usan el conocimiento para afirmar, desde su propia mente sesgada e ignorante, quien va a ser salvo y quien no; o para clasificar a las demás diciendo quién es de Dios y quién no. El Señor nos enseña que Él es Quién tiene todo juicio en su mano y ante Él todos nos presentaremos para dar cuenta de nuestros actos.

La Palabra debe ser llevada con mansedumbre para que ilumine a otros y, de esta manera, puedan recibir la luz del evangelio. Pidámosle al Señor que tome nuestros labios y que nos use como instrumentos para hablar lo que conviene y sea necesario.

"Jehová el Señor me dio lengua de sabios, para saber hablar palabras al cansado; despertará mañana tras mañana, despertará mi oído para que oiga como los sabios" **Isaías 50:4.**

Come de este libro

El Espíritu nos insta no solo a que leamos la Palabra, sino a que la comamos. Cuando leemos algo, lo hacemos parte de nuestro intelecto. Cuando lo comemos, lo hacemos parte de todo nuestro ser.

En **Jeremías 15:16** dice *"Fueron halladas tus palabras, y yo las comí; y tu palabra me fue por gozo y por alegría de mi corazón; porque tu nombre se invocó sobre mí, oh Jehová Dios de los ejércitos"*. Otras versiones, en este mismo versículo, utilizan la palabra devorar en vez de comer.

El Señor nos exhorta a que no solo leamos la Palabra, sino a que la escudriñemos, la comamos y la devoremos. El hacerlo resultará en medicina para nuestros cuerpos y nuestras almas. Nuestras vidas van a sufrir una verdadera transformación que se irá gestando desde nuestro interior y hasta alcanzar todo nuestro ser. Veremos cambios en nosotros y también en aquellos que nos rodean.

Cuando decimos que es necesario comer la Palabra, nos referimos a que la meditemos constantemente y a que la rumiemos como ovejas. Que ellas sean nuestra delicia y sobre todo que se hagan parte de nuestra cotidianidad.

Las Escrituras tienen la cualidad de alimentar todo nuestro ser y nutrir todas sus partes, incluso cambiará hasta nuestro aliento (nuestra manera de hablar). Ya no usaremos las mismas palabras antiguas, provenientes del viejo hombre, sino que ahora usaremos aquellas que vienen del Espíritu. Palabras revestidas de la vida de Cristo, que harán notorio el hecho de que hemos pasado tiempo de intimidad con nuestro maestro. Podremos ser identificados fácilmente como discípulos de Cristo, ya que inclusive hablaremos de la misma forma que Él lo haría.

Nuestras almas se están alimentando constantemente de todo lo que vemos y oímos a nuestro alrededor. Por allí hay un refrán popular que dice que *"Uno es lo que come"*. Según lo que comamos en eso nos vamos transformando.

Si pasamos muchas horas frente al televisor o en internet, viendo novelas o programas políticos, comenzaremos a convertirnos en lo que estamos consumiendo. Cuando queramos compartir con otros, incuestionablemente, transmitiremos aquello de lo que hemos comido. Hablaremos de los problemas políticos, de las intrigas, de los celos y de todo aquello que hemos

El conocimiento de Dios

recibido a través de los diferentes medios. Ocurre lo mismo con lo que leemos o con lo que conversamos; todo nos va alimentando y en eso nos vamos convirtiendo. Si comemos chatarra espiritual, en eso nos convertiremos.

Ahora bien, el Señor nos invita a comer de aquello que nos nutre y alimenta espiritualmente, del árbol de la vida. A medida que nos alimentamos de la Palabra de Dios nos iremos asemejando más a nuestro amado Maestro, el Señor Jesucristo. El Quién es el Verbo o la Palabra hecha carne. Comamos de este pan y esto se traducirá en nosotros en gozo, dicha, fe, confianza, templanza y alegría para nuestras almas. Comamos hoy nuestro pan de cada día.

Seguidamente, meditemos en el siguiente texto: *"Y fui al ángel, diciéndole que me diese el librito. Y él me dijo: Toma, y cómelo; y te amargará el vientre, pero en tu boca será dulce como la miel. Entonces tomé el librito de la mano del ángel, y lo comí; y era dulce en mi boca como la miel, pero cuando lo hube comido, amargó mi vientre"* **Apocalipsis 10:9-10**.

El invocar la Palabra de Dios y el usarla para aconsejar otros, puede resultar muy hermoso y hasta poético. El hablar de ella endulza nuestros labios, tal como la miel lo hace con nuestro paladar. Es muy bonito decir u oír decir: <*Perdona, porque el perdón es de Dios*>. Suena muy bien. Sin embargo, cuando se presenta el momento en que debemos perdonar, estas palabras y estos consejos no son tan fáciles de digerir; y, algunas veces se sienten como una patada en el estómago.

El viejo hombre quiere responder con insultos a los insultos. A la maldición con maldición. Regocijarse en la carne y sentir la satisfacción de decirles a los demás sus cuatros cosas, poniéndoles en su lugar y dándoles su merecido. Ahora bien, el hecho de no complacerlo y no dejarnos mover por sus deseos e instintos; ocasionará que él mengue y surja uno nuevo.

La Palabra actúa como una medicina y a medida de que la vayamos tomando, en esa medida nos irá sanando. Algunas medicinas podrían parecernos desagradables pero definitivamente son necesarias.

Nuestra alma es limpiada y sanada por medio de las Escrituras. Meditemos en ellas de día y de noche. Que sean ellas nuestra delicia. Sigamos añadiendo conocimiento y pongámoslos en práctica a través del Dominio Propio.

Capítulo VI
La templanza del vencedor

El Dominio Propio

Cuando indagamos acerca del significado del vocablo "Dominio", encontramos que está relacionado directamente con el Poder. "Poder para disponer y gozar de lo que es nuestro" y "Poder que se ejerce sobre otros". Trayendo estas definiciones a nuestro contexto, podríamos definir al **Dominio propio** como el poder y la facultad que tiene cada individuo de ejercer control sobre sí. Es tener autocontrol.

El dominio propio, también conocido como la templanza, es parte del fruto del Espíritu descrito en **Gálatas 5:23**. La templanza, del griego **Egkrateia**, solo puede lograrse a través del poder del Señor, con la ayuda del Espíritu Santo, Quien es nuestro Paracleto (Consolador, Fortalecedor y Ayudador). Nadie es fuerte en su propia fuerza, sino que es Dios quien nos reviste de poder y nos ayuda en nuestra debilidad.

El tratar de vivir con templanza, desde nuestro yo natural, es una misión imposible a causa de nuestra naturaleza caída y carnal. Ella resiste a Dios y se opone a todo lo bueno. **Gálatas 5:17** dice que *".... El deseo de la carne es contra el Espíritu, y el del Espíritu es contra la carne; y éstos se oponen entre sí, para que no hagáis lo que quisiereis"*.

He aquí una de las principales razones por la que muchos dan la espalda al verdadero camino y buscan religiones y pensamientos alternativos, para intentar acercarse al Señor y obtener sus bendiciones, sin necesidad de hacer ningún cambio significativo, ni someterse a ninguna ley. En otras palabras, quieren disfrutar de los beneficios y bendiciones que tienen los hijos de Dios, pero no quieren asumir las responsabilidades y condiciones que esto demanda. Quieren ser prosperados, pero sin dejar la relación adúltera en la cual están inmersos. Quieren tener la paz de Dios, pero no quieren dominar el carácter violento ni lengua mentirosa.

En el mundo se considera mayor a aquel que ejerce dominio sobre otros y se muestra como conquistador. No obstante, para el Señor tiene más valor el mostrar un carácter templado y servir al prójimo con amor. *"Mejor es el lento para la ira que el poderoso, y el que domina su espíritu que el que toma una ciudad."* **Proverbios 16:32**.

Hermanos, las tentaciones nos llegan a todos pero en el Señor tenemos las fuerzas necesarias para resistirlas y salir airosos de cada una de ellas. Dios, juntamente con la tentación, nos dará la salida para que podamos soportar **(1 Corintios 10:13)**. Tener una tentación no es un pecado, pero sucumbir ante ella, sí.

La carne y el Espíritu

Necesitamos andar y militar en el Espíritu para que podamos ejercer Dominio Propio. El tratar de controlar cumplidamente todos nuestros impulsos y pasiones, por nuestras propias fuerzas, no solo resulta ser una tarea titánica y dolorosa, sino también, imposible. Este tópico se tocó ligeramente en el punto anterior pero ahora vamos a profundizar en él.

Para comenzar, podemos decir que el hombre natural ha estado inmerso en una recia batalla que tiene como escenario "la mente" y como contrincantes "el bien y el mal". ¿Quién de nosotros no ha sostenido este tipo de lucha? Cuando nuestras conciencias nos dictan una cosa, pero nuestros deseos y pasiones nos conducen a otras. Caemos y hacemos lo indebido, luego decimos: <*no lo vuelvo a hacer*>. Sin embargo, pasado un tiempo, volvemos a caer en el pozo, al cual dijimos, no volveríamos. El apóstol Pablo describió este tipo de lucha de la siguiente manera:

"Y yo sé que en mí, esto es, en mi carne, no mora el bien; porque el querer el bien está en mí, pero no el hacerlo. Porque no hago el bien que quiero, sino el mal que no quiero, eso hago" **Romanos 7:16-18**. Y continúa diciendo en los **versos del 22 al 24** *"Porque según el hombre interior, me deleito en*

La templanza del vencedor

la ley de Dios; pero veo otra ley en mis miembros, que se rebela contra la ley de mi mente, y que me lleva cautivo a la ley del pecado que está en mis miembros !Miserable de mí! ¿Quién me librará de este cuerpo de muerte?

Este conflicto no solo fue experimentado por Pablo, sino que ahora también es parte de nuestra lucha diaria. Todos tenemos conciencias y, a pesar de que muchos han decidido ignorarlas, hasta el punto cauterizarlas, ellas siguen allí. En consecuencia, la batalla continúa.

Abro un paréntesis para destacar que cuando el apóstol hablaba del cuerpo de muerte, no hacía alusión al cuerpo mismo, sino a la carne donde mora el pecado. Muchos hombres han tratado este asunto desde una perspectiva errónea, pensando que en su cuerpo físico es donde mora el pecado y se han auto-flagelado con el objetivo de *"reprimir las tentaciones de los vicios y de los placeres de la carne"* **Benedictino Pedro Damián** [k]. Pero, al escudriñar las Escrituras, nos damos cuenta de que el trato duro al cuerpo no tiene valor alguno contra los apetitos de la carne (**Colosenses 2:23**).

Pablo habló, en **Romanos 7**, acerca de esta lucha entre lo bueno y lo malo, reconociendo que a pesar de que él quería hacer lo bueno, terminaba haciendo lo malo. En sus miembros había una ley que le imposibilitaba cumplir con la ley de Dios (la ley del pecado). Pero inmediatamente comienza el capítulo de **Romanos 8** dándonos la respuesta a este conflicto. Dijo:

"Ahora, pues, ninguna condenación hay para los que están en Cristo Jesús, los que no andan conforme a la carne, sino conforme al Espíritu". **Romanos 8:1**. En los versos 7 y 8 agrega: *"Por cuanto los designios de la carne son enemistad contra Dios; porque no se sujetan a la ley de Dios, ni tampoco pueden; y los que viven según la carne no pueden agradar a Dios".*

El tratar de agradar a Dios y vivir conforme a su ley desde el esfuerzo humano, es una meta inalcanzable para aquellos que la pretenden, ya que lo que era imposible para la carne, Dios lo ha hecho posible por medio del Espíritu. A la carne le es imposible sujetarse a la ley porque sencillamente no puede. El intentar acercarse a Dios de esta manera se convierte en una lucha fatigante de la carne contra la carne, en la cual, indudablemente, triunfará la carne.

La única forma de poder vivir conforme a los preceptos de Dios y ser de su agrado es siendo guiados por su Espíritu Santo y participando de su naturaleza divina. La única manera de poder cumplir con la ley real de Dios, la de la libertad, es a través del amor. **Gálatas 5:13,14** dice *"...Servíos por amor los unos a los otros. Porque toda la ley en esta sola palabra se cumple: Amarás a tu prójimo como a ti mismo"*.

Para concluir, quisiera citarles lo que dice las escrituras en **Gálatas 5:16**, en la versión **Biblia de las Américas:**

"Digo, pues: Andad por el Espíritu, y no cumpliréis el deseo de la carne"

Cuando vivimos y andamos por el Espíritu, no seguiremos los deseos de la carne ni seremos llevados por los impulsos de la naturaleza pecaminosa. Lo segundo es consecuencia de lo primero. Para vivir en el Espíritu es necesario creer en la Palabra de Dios, guardar la fe y la confianza en el Señor. Sobre todo amarnos los unos a los otros.

El pecado está a la puerta

Martín Lutero decía: *"No puedo evitar que las aves vuelen sobre mi cabeza, pero si puedo evitar que hagan nido en ella"*. Esta reflexión nos enseña que no podemos impedir que pasen malos pensamientos por nuestras mentes pero sí evitar que se queden allí, amasándolos y recreándonos en ellos. Éstos, a la postre, producirán el pecado que traerá consigo la muerte. Me gustaría citar un par de versículos, para ilustrar bien este punto:

"Que nadie diga cuándo es tentado: Soy tentado por Dios; porque Dios no puede ser tentado por el mal y El mismo no tienta a nadie. Sino que cada uno es tentado cuando es llevado y seducido por su propia pasión. Después, cuando la pasión ha concebido, da a luz el pecado; y cuando el pecado es consumado, engendra la muerte.". **Santiago 1:13-15 (LBLA)**.

La templanza del vencedor

El pecado aprovecha las bajas pasiones del hombre para cazar su alma e infringirle muerte. Satanás, el adversario de nuestras almas, sabe cuáles son las pasiones que nos podrían mover y por allí es donde lanza sus dardos. El conoce cuales son nuestros flancos débiles y por allí envía la tentación. Por ejemplo, si las concupiscencias de alguien están relacionadas con la lujuria y el adulterio, satanás buscará la manera de tentarle por esta vía. Él es metódico y usa estrategias para producir la caída del hombre.

El pecado y las bajas pasiones no tienen por qué enseñorearse de nosotros, ya que tenemos la facultad y el poder, a través del Espíritu, de dominarlos. Es importante que sepamos que si somos doblegados por el pecado seremos sus esclavos. Es así que vemos personas confinadas en la cárcel de los vicios, la lujuria, la idolatría, los celos, los chismes, etc. No son ellos los que dominan sus pasiones sino que son éstas las que los dominan y esclavizan, haciendo sus vidas miserables.

El Señor le dijo a Caín en **Génesis 4:6-7** *"El pecado está a la puerta; con todo esto, a ti será su deseo, y tú te enseñorearas de él"*. En la versión **La Biblia de las Américas**, este mismo versículo, cita: *"... Y si no haces bien, el pecado yace a la puerta y te codicia, pero tú debes dominarlo"*. El pecado nos codicia y quiere devorarnos, pero nosotros tenemos el poder de someterlo por medio del Espíritu que Dios ha hecho morar en nosotros. Él es más poderoso que el espíritu que se mueve en el mundo y no dejará que seamos tentados más allá de lo que podamos soportar. En Cristo Jesús somos más que vencedores y en Él iremos de triunfo en triunfo y de poder en poder.

Más que vencedores

Aplicar dominio propio es sujetar esa naturaleza pecaminosa que actúa en nuestros miembros, para que podamos vencer las tentaciones y salir airosos en todas nuestras pruebas. Unas de las claves para vencer las tentaciones es, en la medida de lo posible, huir de ellas.

La Biblia nos dice en **2 Timoteo 2:22**: *"Huye de las pasiones juveniles"*. ¡Huye literalmente¡ No coquetees con el pecado. Coquetear con el pecado es como caminar al filo de un precipicio, en cualquier momento vamos a caer. **Proverbios 6:27** dice: *"¿Tomará el hombre fuego en su seno Sin que sus vestidos ardan"*. Cuando nos exponemos a las tentaciones, hablando lo que no debemos y estando donde no conviene, podemos sucumbir fácilmente. Debemos reconocer cuáles son nuestras debilidades y cuáles las situaciones que nos impulsan a pecar. Seamos sobrios y prudentes.

Cuando José, el hijo de Jacob, fue seducido por la mujer de Potifar para que adulterara con ella, huyó (**Génesis 39**). Él no se puso a argumentar para probar sus fuerzas, sino que fue prudente y corrió. Después de vencer esta tentación y de pasar un proceso en su vida, Dios le concedió el ser gobernador de Egipto y el segundo después del faraón. Al igual que José, nosotros sabemos cuáles son las situaciones que nos inducen al pecado y aquéllas de la que debemos huir.

Por otro lado, Eva, cuando fue tentada, se puso a hablar y discutir con Satanás y él la engañó, haciendo que ella desobedeciera el mandato divino y comiera del árbol del conocimiento del bien y del mal (**Génesis 3**). El entablar una conversación con el diablo, el mentiroso y engañador por excelencia, produjo que los sentidos de Eva fueran cautivados y desviados. Ella comenzó a ver como bueno, agradable y codiciable, aquello que el Señor le dijo que le produciría muerte.

Cuando coqueteamos con el pecado comenzamos a ver como bueno, agradable y codiciable, lo que delante de Dios resulta abominable y aborrecible; nuestros sentidos son trastornados. El adulterio ya no lo vemos tan malo. Las mentirillas cada vez nos parecen más blancas. La línea entre lo bueno y lo malo se desdibuja y pierde firmeza. Por lo tanto, no argumentemos con el pecado, solo huyamos de él. El Señor nos dice que nos sometamos a Dios y resistamos al diablo, y él huirá de nosotros (**Santiago 4:7**).

Otra clave para afrontar la tentación es mantenernos en oración constante, invocando el nombre de Jesucristo y confiando en el poder de su fuerza. Él nos fortalece y nos libra de toda tentación. El Espíritu Santo de Dios nos ayuda en todas nuestras debilidades.

Jesús fue tentado en todo, pero sin pecado. *"Pues en cuanto él mismo padeció siendo tentado, es poderoso para socorrer a los que son tentados"* **Hebreos 2:18**.

Los frutos del dominio propio

Hay preciosas promesas para los que no sucumben ante la tentación. La Palabra de Dios nos dice: *"Bienaventurado el varón que soporta la tentación; porque cuando haya resistido la prueba, recibirá la corona de vida, que Dios ha prometido a los que le aman"* **Santiago 1:12**. La corona de vida no se recibe antes de la tentación, ni durante la misma, sino después de haber superado la prueba satisfactoriamente. Un atleta no es coronado antes de comenzar la carrera, ni durante su recorrido, sino hasta después de haberla finalizado victoriosamente.

El apóstol Pablo nos exhorta, en la primera carta a los Corintios, a que luchemos genuinamente, esforzándonos y corriendo de tal manera que obtengamos el premio supremo. Existen promesas y bendiciones, tanto para esta vida y como la venidera, para aquellos que guardan la Palabra y tienen templanza. En esta vida, redundarán de manera positiva en la consecución de todas nuestras metas y en todas nuestras relaciones interpersonales; y en la vida venidera, recibiremos una corona de vida incorruptible de manos del Señor.

El no aplicar Dominio Propio también trae sus consecuencias. Si no dominamos nuestras lenguas y nuestra personalidad; podemos decir y hacer cosas de las cuales nos arrepintamos profundamente y que causen heridas muy difíciles de sanar y cicatrizar. Este es un asunto muy serio, ya que si sucumbimos ante las bajas pasiones e impulsos, podríamos incurrir en errores que cambien el rumbo de nuestras vidas. Cuántas personas han ido a prisión por sucumbir ante cualquier ira y cuántas otras se lamentan hoy en día, por lo que pudo haber sido y no lo fue, debido a un momento de pasión descontrolada.

El libro de **Eclesiastés 10:1** dice; *"Las moscas muertas hacen heder y dar*

Participantes de la Naturaleza Divina

mal olor al perfume del perfumista; así una pequeña locura, al que es estimado como sabio y honorable" Guardemos nuestro perfume para que siempre sea agradable a Dios. No incurramos en aquellas cosas, que por más pequeñas que nos parezcan, nos alejan de Él y del gran galardón que quiere darnos.

Cuántos jefes políticos, científicos, figuras públicas y hombres reconocidos como honorables han perdido todo por unos cuantos minutos de placer. Hasta los hombres más sabios pueden caer de manera abrupta y perder su buena reputación al dejarse llevar por una pequeña tentación. Recordemos que Esaú perdió su primogenitura por un solo plato de comida. Un solo plato de comida, un momento de placer, una pequeña locura, un pequeño desliz, podrían ser suficientes para cambiar tu historia y hacerte caer en desgracia.

Cuántas vidas y cuántos ministerios han caído o no dieron todo su potencial por sucumbir ante una seducción. En estos momentos nos preguntamos ¿Si José hubiese cedido ante la mujer de Potifar, hubiese llegado a ser gobernador de Egipto? No lo sabemos. Solo Dios lo sabe. Pero sí sabemos que muchos han perdido grandes recompensas por la falta de templanza.

A continuación traeré a remembranza un pasaje de la vida de David, rey de Israel, aquél que mató al Gigante Goliat. El mismo aparece en el segundo libro del profeta Samuel. David fue movido por su concupiscencia y se acercó a Betsabé, la mujer de Urías el Heteo, uno de sus más leales soldados, dejándola encinta. No conforme con esto, debido a que quería cubrir su falta, envío a Urías al frente de batalla y ordenó que lo dejasen solo para que muriera. David fue dominado por sus bajas pasiones, por ello el Señor le dijo, a través de Natán, lo siguiente:

"Así ha dicho Jehová, Dios de Israel: Yo te ungí por rey sobre Israel, y te libré de la mano de Saúl, y te di la casa de tu Señor, y las mujeres de tu Señor en tu seno, además te di la casa de Israel y Judá, y si esto fuera poco, te abría añadido mucho más. ¿Por qué, pues, tuviste en poco la palabra de Jehová, haciendo lo malo delante de sus ojos? A Urías heteo heriste a espada, y tomaste por mujer a su mujer, y a él lo mataste con la espada de los hijos de

Amón. Por lo cual ahora no se apartará jamás de tu casa la espada, por cuanto me menospreciaste, y tomaste la mujer de Urías heteo para que fuese tu mujer" **2 Samuel 12:7-10**.

Ciertamente el Señor redimió el pecado de David y, por lo tanto, él no murió. No obstante, recibió las consecuencias de su pecado. El mal se levantó en su misma casa y el niño que había nacido de Betsabé, murió.

Esta es una historia triste y aleccionadora. Empero, quisiera rescatar una frase que me causó mucho impacto, cuando la leí por primera vez, y esa es que Dios le *"habría añadido mucho más"*. El Señor tenía en su corazón añadirle a David muchas cosas, pero debido a su pecado, por haber sucumbido ante el pecado y no haber aplicado dominio propio, no le fueron dadas.

No podemos dejar de identificarnos con esta historia, ya que Dios ha preparado para nosotros, los que lo amamos, cosas grandes y maravillosas que ni siquiera hemos imaginado. Por lo tanto, guardemos sus mandamientos; y vivamos de tal manera que alcancemos esas grandísimas promesas que Dios ha dispuesto para nosotros.

Aquél que se domina a sí mismo y guarda su lengua del mal, es varón perfecto, participa de la naturaleza divina y no es movido por cualquier tempestad.

Ahora bien, a ese dominio propio se le debe agregar paciencia para que podamos soportar las pruebas que atravesamos. Sin la paciencia nuestra peregrinación se hace pesada y difícil de soportar.

Capítulo VII
Paciencia continua

La paciencia ha sido definida secularmente de múltiples maneras. Por un lado, significa la virtud del que sabe sufrir y tolerar las adversidades con fortaleza, sin lamentarse, con tolerancia, aguante y espera. Igualmente, es conceptualizada como la facultad de saber esperar lo que se desea, sin apresurarnos ni desesperarnos. No obstante, estas definiciones se quedan cortas en comparación con el significado con que se emplea en las Escrituras.

A través del estudio de la Biblia, podemos inferir que la paciencia es aquella virtud que nos da la fortaleza necesaria para perseverar en los tiempos de prueba y en las situaciones más oscuras; fundamentados en las promesas del Señor y estando persuadidos, por medio de la fe, de que Él está al control. Este concepto lo iremos desarrollando a lo largo de este capítulo.

Las palabras griegas que se traducen como paciencia son "**Makrotumia**" y "**Hupomoné**". Ambas aparecen reiteradamente en el nuevo testamento. La primera significa longanimidad y habla acerca del carácter del Dios, Quién es *"lento para la ira y grande en misericordia"*. La segunda, **Hupomoné**, fue usada por el apóstol Pedro, en el capítulo 1 de su segunda epístola universal, y ésta será el objeto principal de nuestro estudio.

Hupomoné aparece aproximadamente treinta veces en el nuevo testamento y significa resistencia, constancia, perseverancia, paciencia continua, entereza a pesar de las dificultades. La paciencia no consiste en una simple resignación ante las circunstancias ni en un mero soportar, sino que como lo dice en el libro de **Willian Barclay**, titulado **Palabras Griegas del Nuevo Testamento**, *"...Es la cualidad que mantiene a un hombre firme contra los elementos. Es la virtud que puede transmutar en gloria a la desgracia más grande, porque, más allá del dolor, ve la meta"* [1].

La paciencia es la facultad de poder gozar de la paz de Dios a pesar de las circunstancias que esté atravesando. Esta paz está fundamentada en mi conocimiento de Dios y mi fe en Él. En este sentido, quisiera hablarles un poco acerca de la paz de Dios antes de hablarles directamente el aspecto de la paciencia.

Mi paz os doy

Jesús dijo: *"mi paz os dejo, mi paz os doy, no la doy como el mundo la da. No se turbe vuestro corazón, ni tengáis miedo"* **Juan 14:27**.

A través de esta aseveración, el Señor nos enseña que existen dos tipos de paz, la del mundo y la de Dios. La del mundo depende de que las circunstancias y situaciones estén bajo nuestro control o, por lo menos, sintamos que están dentro del marco de nuestras posibilidades. Está ligada a que tengamos un buen empleo, un buen seguro médico, gocemos de una buena salud y nuestros balances financieros estén en verde. Pero una vez que una de estas columnas cede, nuestro edificio comienza a tambalearse y un profundo sentimiento de angustia se apodera de nuestras mentes, haciendo que perdamos el sosiego.

En contraposición, la paz de Dios no pende de circunstancias ni situaciones externas, tampoco de nuestras posesiones o posibilidades. Ella depende directamente de nuestra relación con Dios y de la confianza que le tengamos. Con esto no quiero decir que todas las cosas, mencionadas en el párrafo anterior, no sean importantes y necesarias, porque, indudablemente, lo son. Lo que deseo expresar es que podemos experimentar de la paz de Dios a pesar de que no gocemos de una o varias de ellas. Esto porque Espíritu Santo nos suministra de su paz y nos hace entender que es el Señor Quién sostiene y guarda nuestras vidas.

La paz de Dios excede toda comprensión humana. Por ejemplo ¿Cómo se puede tener paz si estamos pasando un problema familiar o laboral? ¿Cómo se puede tener paz si estamos padeciendo persecuciones? ¿Cómo se puede tener paz cuando estamos atravesando por una enfermedad o por una pérdida?

Paciencia continua

Nuestras mentes mortales no pueden entenderlo pero sabemos que, en Dios, esto sí es posible.. Esta verdad no puede ser explicada a través de palabras, sino que debe ser experimentada para ser absorbida. El gozo de Dios es nuestra fortaleza

El apóstol Pablo escribió:

"Por nada estéis afanosos, sino sean conocidas vuestras peticiones delante de Dios en toda oración y ruego, con acción de gracias. Y la paz de Dios, que sobrepasa todo entendimiento, guardará vuestros corazones y vuestros pensamientos en Cristo Jesús" **Filipenses 4:6-7**.

Esto no lo escribió Pablo desde su casa, tomándose un cafecito y mirando la lluvia desde su ventana, como ahora lo estoy haciendo. Lo escribió desde la prisión. Desde una situación que, para cualquiera de nosotros, podría resultar desesperante. No obstante, podemos notar la paciencia que reviste sus palabras, que nos contagian y subyugan. Internalicémoslas para que no nos inquietemos o turbemos por cualquier cosa.

Por su parte, David escribió en uno de sus Salmos: *"Yo me acosté y dormí, y desperté, Porque Jehová me sustentaba"* **Salmos 3:5**. Esta declaración de confianza no la pronunció en tiempos de bonanza, sino cuando huía delante de su hijo Absalón, quién se había sublevado contra él. Se piensa que David hizo también esta otra afirmación en ese mismo contexto: *"En paz me acostaré, y así mismo dormiré; porque solo tú, Jehová, me haces vivir confiado"* **Salmo 4:8**.

Estas palabras cobran mayor fuerza y relevancia cuando se conoce el contexto bajo el cual fueron pronunciadas, porque podemos darnos cuenta que provienen de alguien que padeció y vivió experiencias semejantes a las nuestras o aún más fuertes, pero que aprendió a depender de Dios. La confianza y la paz no se encuentran solamente en esos momentos de calma y sosiego; sino que también se pueden hallar en medio de las tormentas más impetuosas.

La experiencia nos ha enseñado que existen situaciones que sencillamente nos sobrepasan, en las cuales nos encontramos completamente limitados. Problemas cuya solución están fuera del marco de nuestras posibilidades. Es entonces cuando podemos experimentar la verdadera paz de Dios, la cual gravita en saber que dependemos de Él y que, además, Él es nuestro Padre, nuestro Castillo Fuerte y nuestro Proveedor. Él es nuestro Shaddai, Todopoderoso, y para Él no hay nada imposible.

Meditemos en la Palabra de día y de noche, para que nuestros pensamientos estén fundamentados sobre la base firme de las promesas de Dios. De esta manera, aun cuando estemos en medio del pozo de la desesperación, no seremos conmovidos. El profeta Isaías dijo: *"Tú guardarás en completa paz a aquel cuyo pensamiento en ti persevera; porque en ti ha confiado"* **Isaías 26:3**.

Todo tiene su tiempo

Cuán difícil resulta esperar cuando habitamos en un mundo tan acelerado y agitado. En un sistema cuyo ritmo ni siquiera permite que nos sentemos a pensar en quiénes somos y hacia dónde vamos. El tiempo nos apremia y cada vez nos rinde menos. Los días nos parecen cortos y los años, efímeros. Tenemos la sensación de que nos acostamos, cerramos los ojos e inmediatamente amanece. El clamor de muchos se ha convertido en: *<quiero tiempo>, <necesito más tiempo>*.

Las exigencias de este mundo moderno cada vez son mayores y han llevado al hombre a enrolarse en una carrera desenfrenada contra el tiempo. Esta realidad, aunada al desconocimiento de Dios y de Su Palabra, nos lleva a tomar decisiones apresuradas y desacertadas; estimuladas por la impaciencia, la ansiedad y la inmediatez de las cosas. Es muy importante reconocer que si no se toman medidas en este sentido, podríamos tomar decisiones que vayan en detrimento de nosotros mismos y nuestra familia. Decisiones como con quién casarse, qué estudiar, dónde trabajar, pueden cambiar nuestro presente y determinar nuestro futuro.

Las Escrituras nos instan a que cultivemos la paciencia y aprendamos a poner

Paciencia continua

nuestra esperanza en Dios. Dicen:

"Estad quietos y conoced que yo soy Dios" **Salmo 46:10**.

"Encomienda a Jehová tu camino, Y confía en él; y él hará...Guarda silencio ante Jehová, y espera en él..." **Salmos 37:5 y 7**.

Estos textos, al contrario de los que muchos pudieran pensar, no son una invitación a la inactividad, sino que son una exhortación a que depositemos en el Señor nuestra esperanza y echemos sobre Él nuestras cargas. Él tiene cuidado de nosotros y nos mostrará el camino que hemos de escoger. Podemos estar confiados que en nada seremos avergonzados, porque sabemos en Quién hemos creído.

El Espíritu nos increpa a que no seamos perezosos, sino imitadores de aquellos que por la fe y la paciencia heredan las promesas **(Hebreos 6)**. El esperar con paciencia trae sus frutos; mas la ausencia de ella, ha sido responsable de múltiples equivocaciones y pecados. En las Escrituras encontramos muchos ejemplos de personas que esperaron en Dios y recibieron grandes recompensas, pero también conseguimos otros que por no aguardar con fe, recibieron, en retribución, el fruto de su desobediencia.

Entre los casos de aquellos que no tuvieron paciencia ni aguardaron con fe, encontramos el del rey Saúl, el primer rey de Israel. En el primer libro de **Samuel** capítulo **13**, vemos como Saúl se apresuró locamente a ofrecer sacrificios a Dios, porque el pueblo desertaba a causa del acoso de miles de filisteos, que se habían juntado para pelear contra ellos. Saúl se adelantó a hacer holocausto, debido al aprieto en que se encontraba; porque veía que el profeta Samuel no llegaba. Por esa decisión precipitada y por no haber esperado con paciencia, guardando el mandamiento de Dios, el Señor no confirmo su reinado, por el contrario, le dijo que no sería duradero y se lo dio a otro varón conforme a su corazón, a David.

Por la misma impaciencia, los israelitas, una vez que fueron librados de la esclavitud del faraón, por la poderosa mano de Dios, viendo que *"Moisés tardaba en descender del monte, se acercaron entonces a Aarón, y le dijeron:*

Levántate, haznos dioses que vayan delante de nosotros; porque a este Moisés, el varón que nos sacó de la tierra de Egipto, no sabemos qué le haya acontecido". **Éxodo 32:1**. Producto de esto, el pueblo se hizo de ídolo, de un becerro de oro y se corrompió. Este loco proceder trajo, como consecuencia, mucha muerte sobre Israel.

Ahora bien, cuántos de nosotros se han visto tentados en volver atrás y volver a las obras muertas del pasado, porque no vemos la respuesta que queremos, en el momento que queremos y de la forma que queremos. Los que han procedido de esta manera, han experimentado, en su propia carne, la amargura que produce la desobediencia.

No intentemos apresurar ni forzar la mano de Dios. No pretendamos echarle una ayudadita, interfiriendo y metiendo la mano en la obra que Él está haciendo. No oremos para que la voluntad y el tiempo de Dios se alineen a los nuestros, sino para que los nuestros se alineen a los de Él. Aguardemos con esperanza y, en su tiempo, Él nos dará el socorro oportuno y la victoria esperada.

Debemos esperar con paciencia el tiempo de Dios, sabiendo que nuestro tiempo no es como el suyo. Para el Señor un día es como mil años y mil años es como un día **(2 Pedro 3:8)**.

Dios habita en la eternidad y sabe lo que realmente nos conviene y cuando nos conviene, ya que conoce el presente y el futuro. Aunque tengamos una heredad preparada para nuestro hijo, sabemos que debemos esperar el momento indicado para poder entregársela. El tiempo cuando haya demostrado tener la suficiente madurez para que pueda disfrutarla con responsabilidad y ser un buen administrador. Dios sabe cuál es nuestra hora.

En contraposición a estas historias, observamos los ejemplos de quiénes esperaron con paciencia y recibieron lo prometido. El Señor, haciendo juramento por Sí mismo, le extendió una promesa a Abraham, diciendo: *"De cierto te bendeciré con abundancia y te multiplicaré grandemente. Y habiendo esperado con paciencia, alcanzó la promesa"* **Hebreos 6:14**.

Otro ejemplo remarcable es el del Patriarca José, quien tuvo dos sueños en los cuales se veía en una posición de autoridad sobre su familia. Estos sueños les trajeron muchos inconvenientes con sus hermanos quiénes, movidos por los celos y la ira, lo vendieron como esclavo.

Pasaron trece años entre el momento que José tuvo estos sueños y el cumplimiento de los mismos. Durante ese periodo vivió la esclavitud y sufrió la cárcel, mas él se mantuvo integro en el Señor, guardando su Palabra y esperando en Él. A la postre, este José, fue nombrado gobernador de Egipto y segundo después de faraón.

En **Génesis 50,** se nos relata como José vio el cumplimiento de sus sueños, cuando sus hermanos se postraron ante él y le pidieron perdón por el agravio que le habían hecho. José pudo perdonarlos, reconociendo además que Dios estuvo siempre a su lado y que todas las cosas que le habían acontecido lo habían ayudado para bien, y para el cumplimiento del propósito de Dios en su vida. Él les dijo: *"Vosotros pensasteis mal contra mí, mas Dios lo encaminó a bien, para hacer lo que vemos hoy, para mantener en vida a mucho pueblo"* **Génesis 50:20**.

Todas estas enseñanzas nos recuerdan que debemos aguardar con fe y esperanza las promesas de Dios y el cumplimiento de la visión que Él nos ha dado.

Perseveremos en la visión

El profeta Habacuc escribió:

"Y Jehová me respondió, y dijo: Escribe la visión, y declárala en tablas, para que corra el que leyere en ella. Aunque la visión tardará aún por un tiempo, mas se apresura hacia el fin, y no mentirá; aunque tardare, espéralo, porque sin duda vendrá, no tardará" **Habacuc 2:3**.

Si tenemos un sueño y una visión de parte de Dios esperemos su cumplimiento con fe y con toda certidumbre. Vivamos y andemos por ella. El profeta Habacuc decía escríbela, declárala, para que corra aquél que la leyere. Corre conforme a la visión que Dios te ha dado, declárala aunque todavía no la veas manifestada. Espérala, porque aunque pase un poco de tiempo de seguro llegará y no mentirá. El justo por su fe vivirá.

El Señor nos da una visión y también un tiempo para que esta se lleve a cabo. En mi caso particular, salvando las distancias con aquellos grandes hombres de fe, el Señor puso en mi corazón hace aproximadamente diez años el deseo de escribir. Esa visión no era para aquel momento. No tenía ni el tiempo, ni el conocimiento, ni la experiencia necesarias para comenzar a escribir. Sin embargo, ese deseo y esa visión no se habían apartado de mí hasta ahora. Hoy, después de un largo tiempo, después de muchas experiencias y de mi búsqueda personal con el Señor, puedo presentar ante ustedes este material, que espero estén disfrutando.

Confiemos en las promesas que Dios nos has dado. La obra que Él comenzó en nosotros la perfeccionará hasta el día de Cristo (**Filipenses 1:6**) y no nos dejará hasta que haya hecho lo que ha prometido (**Génesis 28:15**).

¡Dame paciencia!

Cuántas veces hemos escuchado la expresión indignada de los que dicen: "¡dios, dame paciencia!", sin saber lo que ella significa o como se genera en nosotros.

El Espíritu nos dice claramente que la prueba de nuestra fe produce paciencia (**Santiago 1:3**). Siendo así, son esos momentos difíciles, de tribulación, los que se traducen en oportunidades para añadir paciencia a nuestras vidas. Son esas luchas las que nos llevan a activar nuestra fe; llevando a la práctica el conocimiento que hemos recibido de la Palabra de Dios.

Cuando estudiamos las Escrituras como un acto de simple lectura, articulando e interpretando los símbolos que hay en ella, sin oración y humildad, esta información llega solo a nuestro intelecto. Pero, cuando esas palabras se derraman en nuestra vida y las experimentamos, se hacen parte de nuestra realidad. Por ejemplo, tenemos la fe y la certeza de que el Ángel de Jehová acampa alrededor de nosotros y nos defiende, basados en el **Salmo 34**. No obstante, esto no llega a ser parte de nuestra experiencia hasta que

Paciencia continua

vienen sobre nosotros tiempos de persecución. Si en esos momentos invocamos este salmo, con toda certeza y confianza, esto producirá paz en nuestro interior y nos dará la victoria. Entonces, ese salmo cobrará sentido completo en nuestras vidas y nada nos podrá arrebatar lo que significó para nuestra experiencia personal.

Las pruebas son oportunidades para acercarnos más al Señor y para conocer cada uno de sus atributos. El pueblo de Israel en una situación de prueba, mientras caminaba hacia la tierra prometida, pudo ver la gloria de Dios. Fue allí, en el desierto, donde vio la mano poderosa del Señor sustentándoles, proveyéndoles, enviándoles el maná del cielo, trayéndoles las codornices del mar y dándoles de beber del agua que provenía de la roca, la cual es Cristo.

Nosotros también pasamos por desiertos, periodos cuando nos hallamos imposibilitados y nadie puede hacer nada para ayudarnos. Son esos momentos los que nos llevan a orar y a buscar, con mayor insistencia, el rostro del Señor. Si depositamos en Dios nuestra confianza, atravesaremos todo valle de lágrima y lo cambiaremos en fuente, e iremos de poder en poder **(Salmos 84)**.

El fuego de la prueba nos ayuda a limpiarnos de toda impureza. El apóstol Pedro señaló que la fe que nosotros hemos alcanzado, por medio de Jesucristo, era tan preciosa como la de ellos **(1 Pedro 1:1)**; pero que era necesario que esta fe, mucho más preciosa que el oro, fuera probada con fuego y fuera hallada en alabanza, gloria y honra cuando Jesús sea manifestado **(1 Pedro 1:6-7)**.

El oro es acrisolado por el fuego para extraerle las impurezas. De igual manera, nuestra fe debe ser sometida al fuego purificador para extraer toda escoria e impureza, y sacar lo precioso de entre lo vil. Nuestras vidas deben ser sometidas al fuego, al fuego de la palabra de Dios, que nos limpia, y al fuego purificador de las pruebas. El objetivo de todo este proceso es que el viejo hombre mengüe y el carácter de Cristo se manifieste. Tal vez, para algunos, esta parte del mensaje no resulte muy popular, no obstante, nos ayudará a fundamentar nuestra fe sobre una base sólida y no en meras ilusiones.

Ahora bien, si estamos en Dios, veremos que detrás de cada tribulación hay una bendición. Entenderemos que las pruebas son necesarias para nuestro crecimiento. El apóstol Pablo, comprendió esto y llegó a decir en **Colosenses 1:24** *"Me gozo en lo que padezco"* y **Romanos 5:3** *"nos gloriamos en las tribulaciones"*. Estas frases parecieran carecer de toda lógica humana, ya que va en contra de nuestro sentido de supervivencia y de nuestra búsqueda de bienestar. Sin embargo, en Cristo, es poder de Dios.

No esperemos situaciones de desierto para buscar la presencia de Dios y desear estar en sus atrios. Busquémosle en todo tiempo y anhelemos Su presencia, como la amada añora la venida del amado. *Nahúm 1:7 dice: "Jehová es bueno, fortaleza en el día de la angustia; y conoce a los que en él confían"*.

El Espíritu nos dice que las tribulaciones son leves y momentáneas, pero producen en nosotros un eterno peso de Gloria **(2 Corintios 4:7)**. Y las aflicciones del presente no son comparables con la gloria venidera, que en nosotros ha de manifestarse **(Romanos 8:18)**. Es decir, lo momentáneo y pasajero producirá en nosotros lo eterno y lo glorioso. Por tanto, gocémonos en medio de las pruebas. No las busquemos porque, sin duda, vendrán. Pero cuando lleguen, reconozcamos que son oportunidades para acrecentar nuestro gozo en el Señor y ser purificados por Él.

"Hermanos míos, tened por sumo gozo cuando os halléis en diversas pruebas, sabiendo que la prueba de vuestra fe produce paciencia". **Santiago 1:2-3**

El gran galardón

Hebreos 10:35-36 dice: *"No perdáis, pues, vuestra confianza, que tiene grande galardón; porque os es necesaria la paciencia, para que habiendo hecho la voluntad de Dios, obtengáis la promesa"*.

La paciencia es una virtud de los conquistadores y de los vencedores. Jesús

Paciencia continua

es el Gran Vencedor. Él venció a Satanás por medio de su muerte y nosotros ahora también le podemos vencer por medio del amor de Jesucristo y nuestra fe en Él.

Jesús menospreció la deshonra y humillación, sufriendo hasta la muerte, por causa de nosotros. Por su amor eterno, Cristo soportó el ser maltratado, el ser escupido, que le fuera arrancada su barba **(Isaías 50:6)**, que en su espalda hicieran surcos (**Salmos 129:3**), que horadaran sus manos y sus pies (**Salmos 22:16**) y que su corazón se derritiera como cera dentro de sus entrañas **(Salmos 22:14)**.

Jesús conocía el horror que le esperaba en la cruz y aunque pudo haberlo evitado, no lo hizo por amor a ti y a mí. Los niveles de tristeza y de angustia que experimentó, antes de ser arrestado en el monte de Getsemaní, fueron profundos; tanto así, que sudó como grandes gotas de sangre y llegó a decir: *"mi alma está muy triste, hasta la muerte"*. Él oró tres veces de la siguiente manera: *"Padre mío, si es posible, pase de mí esta copa, pero no sea como yo quiero, sino como tú"* **Mateo 26:38-39**.

Jesucristo doblegó su voluntad a la del Padre y fue oído por su temor reverente. Él pudo soportar con paciencia toda la prueba que le sobrevino porque tenía clara su visión y sabía cuál era su misión; y ésta era morir en nuestro lugar, para redimir nuestras almas. Sufrió vituperios y pudo mantener su rostro firme, porque sabía lo que le esperaba, sabía para que había venido y sobre todo sabía cuál era el gran premio que le aguardaba.

Isaías profetizó acerca del mesías, unos 700 años antes de su nacimiento, de la siguiente manera: *"Di mi cuerpo a los heridores, y mis mejillas a los que me mesaban la barba; no escondí mi rostro de injurias y de esputos. Porque Jehová el Señor me ayudará, por tanto no me avergoncé; por eso puse mi rostro como un pedernal, y sé que no seré avergonzado"* **Isaías 50:6-7**.

Sabemos que Jesús hizo grandes señales, milagros y maravillas. El caminó sobre las aguas, resucitó muertos, dio vista a los ciegos, abrió los oídos de los sordos, multiplicó los panes, etc. No cabrían todos los libros en el mundo para mencionar toda su obra, tal como lo describe el apóstol en **Juan 21:25**. Sin embargo, fue solo en la cruz del calvario donde Él pudo decir: *"consumado es"*. Es decir, fue en la cruz donde su obra redentora fue realizada y perfeccionada.

El ejemplo de Jesús es el que nos fortalece, nos anima a luchar en medio de todas las circunstancias y a sobreponernos ante todas las adversidades. **Hebreos 12:2** dice *"puestos los ojos en Jesús, el autor y consumador de la fe, el cual por el gozo puesto delante de él sufrió la cruz, menospreciando el oprobio, y se sentó a la diestra del trono de Dios"*.

Jesús tenía un gozo puesto por delante, un gran galardón que le aguardaba. Esto lo fortaleció y le dio paciencia, haciendo posible que mantuviera su rostro firme como un pedernal, porque sabía que no sería avergonzado, sino que vería el fruto de su dolor y de su entrega. A la postre, recibió su recompensa, sentándose a la diestra del trono de Dios en los lugares celestiales, sobre todo principado, dominio y autoridad; y fue puesto por cabeza, sobre todas las cosas, de la iglesia **(Efesios 1:20-22)**.

En **Isaías 53:11** dice: *"Verá el fruto de la aflicción de su alma, y quedará satisfecho, por su conocimiento justificará mi siervo justo a muchos, y llevará las iniquidades de ellos"*. Jesús ve en nosotros, los que creemos, el fruto de su aflicción y el fruto de su sufrimiento. La iglesia es fruto de su dolor y su sangre. Considero que no soy presuntuoso al pensar que Él nos ve a cada uno y dice <valió la pena>, valió la pena tanto dolor.

A continuación, les invito a que leamos nuevamente en el capítulo 12 de Hebreos pero ahora dando énfasis en los versos 1 al 3: *"Por tanto, nosotros también, teniendo en derredor nuestro tan grande nube de testigos, despojémonos de todo peso y del pecado que nos asedia, y corramos con paciencia la carrera que tenemos por delante, puestos los ojos en Jesús, el autor y consumador de la fe, el cual por el gozo puesto delante de él sufrió la cruz, menospreciando el oprobio, y se sentó a la diestra del trono de Dios. Considerad a aquél que sufrió tal contradicción de pecadores contra sí mismo, para que vuestro ánimo no se canse hasta desmayar"*.

El Espíritu nos invita a considerar sacrificio de Jesús para que no desmayemos. Podemos mantenemos firmes y constantes en medio de las dificultades, ya que tenemos una palabra de Dios y una promesa del Altísimo. El salmista David dijo: *"Hubiera yo desmayado, si no creyese que veré la bondad de Jehová en la tierra de los vivientes"* **Salmos 27:13**. Si creemos en estas máximas, veremos la gloria de Dios y sus bendiciones en este tiempo, y además, heredaremos el Reino de Dios.

El Señor ha puesto delante de nosotros un gran galardón, una corona de vida, para que estemos con Él, en su Reino, hasta la eternidad. Esta corona no es para todo el mundo, sino para aquellos que le aman y hacen su voluntad. Si tenemos esta visión y creemos en la Palabra de Dios, no desmayaremos fácilmente, sino que por ella encontraremos la paciencia y las fuerzas necesarias para perseverar y luchar.

Cartas Leídas

Gracias a la misericordia de Dios, la mayoría de nosotros no ha sufrido hasta la sangre por causa de este evangelio; sin embargo, con frecuencia nos dejamos desanimar por cosas muy pequeñas. Un mal gesto, una mala palabra, un mal entendido o un pequeño obstáculo, se convierten en poderosas razones para que nos desalentemos, dejemos de perseverar en este camino y pongamos de lado nuestros sueños. Necesitamos madurar en este sentido si queremos apuntar en grande.

Si Dios nos ha dado una visión debemos creerla y luchar por ella, afirmando nuestros rostros como pedernales ante cualquier viento borrascoso o tormenta que se aproxime y quiera derrumbarnos. No seremos ni confundidos ni avergonzados los que esperamos en el Señor. Y si caemos, nos levantamos en el nombre de Jesús, ya que Él no dejará caído al justo para siempre. Es necesario entender que a nosotros, como cristianos, se nos *"es concedido por Cristo, no solo que creáis en él, sino también que padezcáis por él"* **Filipenses 1:29**.

El autor de Hebreos nos exhorta a correr con paciencia la carrera que tenemos por delante. Debemos despojarnos de todo lastre, de todo peso que nos impide marchar con presteza hacia el premio anhelado. Despojémonos del pecado que nos asedia como una fiera furiosa, que nos quiere devorar y frustrar nuestros sueños. Renunciemos a todo aquello que nos estorba y huyamos de la corrupción del mundo con sus bajas pasiones.

Tenemos una gran cantidad de testigos a nuestro alrededor, tanto en la tierra como en los cielos. Seres que pertenecen a la luz y otros que trabajan para la oscuridad. Ellos están viéndonos, observando nuestras reacciones para ver si vivimos de acuerdo con la fe que profesamos y si cumplimos con nuestro propósito en la tierra. Incluso Satanás está pendiente de todo lo que hacemos para acusarnos delante del trono de Dios de día y de noche **(Apocalipsis 12:10)**. Él es nuestro principal adversario.

Como hijos de Dios somos carta leída a todos los hombres. Ellos están pendientes si claudicamos o no. Si seguimos creyendo o no. Muchos apuestan a nuestro fracaso. Otros creen que estamos locos y esperan que renunciemos a nuestra visión. Pero también hay quienes que nos observan, porque desean un ejemplo al cual seguir. Esperan ver como vencemos para seguir nuestras pisadas, y escapar de la obscuridad en la cual están inmersos y de este sistema que los mantiene esclavizados.

Hermanos pongamos nuestro rostro como pedernal cuando suframos y seamos perseguidos a causa de nuestra creencia y nuestros sueños. Sabemos que el galardón que tenemos por delante es grande. Tenemos una bienaventuranza que dice: *"Bienaventurados sois cuando por mi causa os vituperen y os persigan, y digan toda clase de mal contra vosotros, mintiendo. Gozaos y alegraos, porque vuestro galardón es grande en los cielos; porque así persiguieron a los profetas que fueron antes de vosotros"* **Mateo 5:11-12**. Corramos con paciencia esta carrera y aguardemos con ansias la corona preparada para nosotros.

Para finalizar, quisiera decirles que la paciencia tiene un fin supremo y este es nuestras almas. Con nuestra paciencia ganaremos nuestras almas según **Lucas 21:19** y que el que persevere hasta el fin será salvo **Mateo 24:13**. Pero tenga la paciencia su obra completa para que seamos perfectos y cabales en Cristo. Debemos continuar y seguir añadiendo. A la paciencia se le debe añadir piedad.

Capítulo VIII

La verdadera religión

La piedad

El Espíritu Santo, a través del apóstol Pedro, nos alienta a seguir añadiendo virtudes. Ahora es el turno de la *Piedad*.

Antes de comenzar con la definición y descripción de la piedad, quisiera remarcar que no es necesario dominar completamente una virtud para comenzar a añadir otra. Estas se van a ir gestando en nuestro interior, paralelamente, a medida que caminamos en el Señor. Es el Espíritu Quien suministra, abundantemente, cada uno de estos ingredientes. De nuestra parte, solo queda perseverar con ánimo pronto y diligencia.

A continuación les presentaré algunas definiciones de la palabra piedad que nos ayudarán a explanar su significado y a contextualizarla dentro del mensaje que deseo transmitir.

Según la **RAE (Real Academia Española)** La piedad es una *"virtud que inspira, por el amor a Dios, tierna devoción a las cosas santas, y, por el amor al prójimo, actos de amor y compasión"* [m].

La palabra griega usada por el apóstol Pedro, que fue traducida como piedad, es **"Eusébeia"**. De acuerdo con el diccionario bíblico *"Eusebeia de eu, bien, y sebomai, ser devoto, denota aquella piedad que, caracterizada por una actitud en pos de Dios, hace aquello que le es agradable a Él"* **(Referencia Piedad Número Strong G2150)** [n].

Eusébeia básicamente significa tener reverencia ante Dios, llevando una conducta santa y agradable delante Su presencia. Es tener profunda devoción por sus cosas y a hacer su voluntad. Es vivir la verdadera religión.

La piedad es una virtud en la que debemos ejercitarnos todos los días, tal como lo recomendó el apóstol Pablo, en su primera carta a Timoteo. Allí dice:

"...Ejercítate para la piedad; porque el ejercicio corporal para poco es provechoso, pero la piedad para todo aprovecha, pues tiene promesa de esta vida presente, y de la venidera" **1 Timoteo 4:7-8**.

Es muy interesante saber que el término usado por el apóstol para referirse al ejercicio proviene del griego **Gumnazó**, de donde proviene la palabra Gimnasio, en el español. Pablo nos invita entrenarnos todos los días en el "Gimnasio" de Dios para estar en forma en lo espiritual. Esto requiere disciplina y ejercitarnos en el estudio de la palabra, en la oración y comunión con los santos.

La piedad busca, constantemente, poner en práctica las enseñanzas que ha recibido, guardando y poniendo por obra la Palabra de Dios. No le basta solo con el querer sino que se perfecciona con el hacer. No obstante, el tratar de practicarla como una ley, como rituales vacíos o como una imposición religiosa, resulta gravoso y no trae ganancias. Ella solo puede ejercitarse mediante una vida de comunión con Dios, mostrando, a través de actos prácticos, nuestra fe y nuestra devoción. Una vida de intimidad con el Señor nos llevará, de manera natural, a ser compasivos y misericordiosos para con nuestros semejantes y para con su creación.

El fundamento de la **Eusébeia** no se encuentra en las apariencias ni en meros conceptos, sino en realidades. Ella es una virtud que se muestra a través de actos concretos. Por ello, el apóstol Juan nos insta a que *"no amemos de palabra ni de lengua, sino de hecho y en verdad"* **1 Juan 3:18,** y nos da un ejemplo claro de este tipo de conducta diciendo que si alguien *"tiene bienes de este mundo y ve a su hermano tener necesidad, y cierra contra él su corazón, ¿cómo mora el amor de Dios en él?"* **1 de Juan 3:17** ¿Cómo podemos afirmar que somos misericordiosos si no hacemos misericordia; o que somos piadosos, si no vivimos conforme a la Palabra de Dios?

La piedad tiene dos componentes o aristas. La primera tiene que ver con nuestra relación con Dios y la segunda con nuestra relación con el prójimo.

William Barcklay explica en su libro **"Comentario al Nuevo Testamento: Santiago y Pedro"**:

"La gran característica de la Eusébia es que mira en dos direcciones La persona que tiene eusébeia siempre adora a Dios correctamente y Le da lo que Le es debido, pero también sirve correctamente a sus semejantes y les da lo que les es debido" (o).

Este concepto también lo pude ver a través de una ilustración muy interesante que me hizo mi amado pastor José Negrín. Él me comentaba que en una Cruz se podía observar, a través del eje vertical, que debemos tener una relación de devoción y amor hacia el Señor; y a través del eje horizontal, que debemos llevar una vida de afecto y respeto hacia nuestros semejantes. Recordemos que Jesús, al ser interpelado por un intérprete de la ley acerca de cuál era el mayor mandamiento, respondió:

"Amarás al Señor tu Dios con todo tu corazón, y con toda tu alma, y con toda tu mente. Este es el primero y grande mandamiento. Y el segundo es semejante: Amarás a tu prójimo como a ti mismo". **Mateo 22:37-39**. Ambos deben ser cumplidos si se quiere llevar una vida piadosa.

Por otro lado, la piedad marca la diferencia entre la vida de un verdadero discípulo y la de un mero creyente. En el mundo hay una inmensidad de personas que dicen creer en Dios, pero son muy pocos los que creen en su Palabra y la siguen. El discípulo, además de creer, se constituye en un aprendiz y en un imitador del maestro. No se conforma con escuchar las teorías, sino que las pone en práctica.

En el tiempo de Jesús había muchos creyentes pero pocos discípulos. Los creyentes suelen ser seguidores del Señor solo por el pan que les ofrece, pero tienden a desertar en los momentos de pruebas o cuando no son complacidos en sus deseos y caprichos. Ellos desean tener los beneficios y las bendiciones del Señor, pero no están dispuestos a dar nada a cambio. Por ello, Jesús les decía en **Juan 6:26** *"De cierto, de cierto os digo que me buscáis, no porque* *habéis visto las señales, sino porque comisteis el pan y os saciasteis".* A diferencia de los simples creyentes, los verdaderos discípulos, fueron aquellos que, abandonando aún sus vidas y planes, decidieron seguir al maestro.

Misericordia quiero y no sacrificios

La piedad nos conduce a ser misericordiosos para con los demás y comprenderlos en sus pruebas. El apóstol Pedro, en su primera carta, afirmó que los mismos padecimientos que se están cumpliendo en nosotros, también los están viviendo nuestros hermanos alrededor del mundo **(1 Pedro 5:9)**. No somos los únicos que pasamos por tribulaciones, en consecuencia, no podemos vivir de una manera ensimismada ni ser indolentes ante el sufrimiento ajeno.

Una palabra clave para comprender la piedad es la empatía. La empatía es descrita como: *"la capacidad de percibir, compartir y comprender los sentimientos y emociones de los demás, basada en el reconocimiento del otro como similar..."* [p]. Cuando tenemos empatía nos identificamos los demás, con lo que ellos pueden sentir en sus situaciones y experiencias, es decir, nos ponemos en sus zapatos. El autor de Hebreos dijo:

"Acordaos de los presos, como si estuvierais presos juntamente con ellos; y de los maltratados, como que también vosotros mismos estáis en el cuerpo" **Hebreos 13:3**. Es decir, es tratar de ponernos en su lugar para comprender lo que están viviendo. De esta manera, podemos interceder genuinamente por ellos.

Por otro lado, la biblia dice en uno de los libros del pentateuco: *"Y no angustiarás al extranjero; porque vosotros sabéis cómo es el alma del extranjero, ya que extranjeros fuisteis en la tierra de Egipto"* **Éxodo 29:3**.

Otras versiones traducen el mismo versículo de la siguiente forma: *"...vosotros conocéis los sentimientos del extranjero...", "...ustedes saben lo que es ser extranjeros...", "...pues ya lo han experimentado en carne propia...".* Cuando se han experimentado ciertas situaciones en carne propia, se comprende a los otros con más facilidad, y podemos hacer por ellos lo que

La verdadera religión

desearíamos que hubiesen hecho con nosotros.

Jesús, aun siendo Hijo, participó de un cuerpo humano y sabe lo que significa el ser ultrajado y sufrir dolor. ¿Has sido traicionado? Él fue vendido por uno de sus íntimos amigos, aquél que metía con Él la mano en el plato, por miserables 30 monedas de plata. ¿Has sido despreciado, maltratado o abandonado? Él también lo fue. No solo despreciado sino también desechado, golpeado, escupido y de Él hicieron escarnio. ¿Eres prisionero? Él también padeció prisión y fue juzgado injustamente. Incluso durante su crucifixión, fue vituperado y ofendido, no obstante, en pleno lecho de muerte alcanzó a decir: *"Padre perdónalos porque no saben lo que hacen"* **Lucas 23:34**.

En el evangelio de Lucas leemos que en una ocasión Jesús mandó a varios mensajeros a una aldea para hacer unos preparativos, pero allí residían unos samaritanos que no les recibieron. Viendo esto Jacobo y Juan, dos de sus apóstoles, le dijeron: *"Señor, ¿quieres que mandemos que descienda fuego del cielo, como hizo Elías, y los consuma? Entonces volviéndose él, los reprendió, diciendo: Vosotros no sabéis de qué espíritu sois; porque el Hijo del Hombre no ha venido para perder las almas de los hombres, sino para salvarlas"* **(Lucas 9: 54-56)**.

Por nuestro lado, debemos armarnos del mismo pensamiento que hubo en Cristo Jesús para llegar a ser misericordiosos, reconociendo que Dios nos ha dado un ministerio de "Espíritu y Vida", en vez de muerte y condenación. Un ministerio que trabaja en favor de la salvación y restauración del hombre, y no en su condenación. Ya hay alguien que quiere arruinar al hombre, y este es el diablo y satanás, quién solo vino a robar, matar y destruir.

No podemos predicar o vivir este evangelio de cualquier manera, ni llevar esta Palabra con indolencia e insensibilidad. Proclamemos las buenas nuevas con denuedo, con toda certidumbre y mansedumbre, inclusive a aquellos que se oponen. No seamos piedra de tropiezo en este camino, sino más bien, soportemos el agravio por amor a otros.

Para finalizar con este apartado, quisiera recalcar que el pensamiento religioso coloca los ritos y tradiciones por encima de los hombres. Empero, para el Señor las almas son más importantes que las liturgias y los actos solemnes. En este sentido, no pongamos nuestros intereses, denominaciones y costumbres por encima de la Palabra de Dios ni por encima de aquellos por los cuales murió Cristo. El Señor nos dijo: *"Id, pues, y aprended lo que significa: Misericordia quiero, y no sacrificio..."* **Mateo 9:13.**

La piedad como producto de la paciencia

Pablo, en la introducción de su segunda carta a los Corintios, dijo:

"Bendito sea el Dios y Padre de nuestro Señor Jesucristo, Padre de misericordias y Dios de toda consolación, el cual nos consuela en todas nuestras tribulaciones, para que podamos también nosotros consolar a los que están en cualquier tribulación, por medio de la consolación con que nosotros somos consolados por Dios" **2 Corintios 1:3.**

El apóstol, a través de estas palabras, nos enseña que Dios nos consuela en todas nuestras pruebas, para que nosotros también podamos reconfortar a aquellos que están pasando por problemas y situaciones. Siendo así, las pruebas son herramientas de las que Dios se vale para forjar en nosotros un carácter aprobado, lleno de piedad y misericordia. Sirven para que podamos identificarnos con los otros en sus momentos de angustia y dolor.

Normalmente, una persona que haya pasado por ciertas tribulaciones puede comprender a aquéllas que estén pasando por esa misma situación. Una madre que ha perdido a un hijo puede comprender, con mayor facilidad, a la que esté atravesando el mismo dolor.

Suele ocurrir que cuando vivimos momentos de angustias y tribulaciones, deseamos ser corregidos y sanados por la mano amorosa del Señor. Pero también suele pasar que a la hora de que alguna persona presenta pruebas; queremos exhortarla o levantarla, no con la tierna expresión de Dios, sino golpeando sus espaldas con una barra de hierro. Hermanos, no podemos consolar a los otros de cualquier manera, sino que debemos hacerlo con la mismo bálsamo con que nosotros hemos sido confortados por Dios. Seamos misericordiosos, porque nosotros hemos alcanzado misericordia.

Si se presentan oportunidades donde se requiere aconsejar a alguien, hagámoslo con espíritu de mansedumbre y tolerancia; considerando nuestras debilidades y entendiendo que también hemos pecado. Recordemos que Dios nos ha rescatado de la muerte misma y nos ha llevado a su luz admirable. Él nos ha librado del pozo de la desesperación y ha puesto nuestros pies en lugar espacioso. Pablo dijo que *"si alguno fuere sorprendido en alguna falta, vosotros que sois espirituales, restauradle con espíritu de mansedumbre, considerándote a ti mismo…"* **Gálatas 6:1**

Por otro lado, el Espíritu exhorta a la iglesia de Éfeso en el libro de las Revelaciones, diciendo: *"Pero tengo contra ti, que has dejado tu primer amor. Recuerda, por tanto, de dónde has caído, y arrepiéntete"* **Apocalipsis 2:4,5**

Cuando se nos olvida que fuimos rescatados de las mimas tinieblas, comenzamos a condenar a otros de manera implacable. Nos consideramos muy santos y con derecho para juzgar a diestra y siniestra. Contrariamente a este sentimiento, el Espíritu Santo impulsa a vendar a los quebrantados, consolar a los enlutados y a predicar las buenas nuevas a los abatidos. En esto se basa el primer amor, la caridad y la misericordia.

"Porque tuve hambre, y me disteis de comer; tuve sed, y me disteis de beber; fui forastero, y me recogisteis; estuve desnudo, y me cubristeis; enfermo, y me visitasteis; en la cárcel, y vinisteis a mí. Entonces los justos le responderán diciendo: Señor, ¿cuándo te vimos hambriento, y te sustentamos, o sediento, y te dimos de beber? ¿Y cuándo te vimos forastero, y te recogimos, o desnudo, y te cubrimos? ¿O cuándo te vimos enfermo, o en la cárcel, y vinimos a ti? Y respondiendo el Rey, les dirá: De cierto os digo que en cuanto lo hicisteis a uno de estos mis hermanos más pequeños, a mí lo hicisteis" **Mateo 25:35-40**.

Capítulo IX

El vínculo del amor

A la piedad se le debe añadir el afecto fraternal, como parte esencial de su realidad y práctica. Tal como se describió en el capítulo anterior, una verdadera vida cristiana debe moverse en dos direcciones: La primera está relacionada con nuestro amor y devoción hacia Dios, y la segunda con el amor y la compasión hacia nuestro prójimo.

La palabra griega que describe al Afecto fraternal es **"Filadelfia"**, la cual está compuesta por dos vocablos: **Philos**, amor; y **Adelphos**, hermano. Es decir, es el amor entre los hermanos. En el contexto del nuevo testamento, el amor fraterno (**Filadelfia**) no se refiere exactamente al amor entre hermanos consanguíneos, sino que habla del amor que debe existir entre los hombres que están unidos por una fe y una creencia, por la fe en Jesucristo. En Jesús todos los creyentes somos parte de una familia y formamos parte de un cuerpo, el cual es la Iglesia. Él es el Señor y el Cristo y todos nosotros somos hermanos **(Mateo 23:8)**.

Verdaderos hermanos

Solemos decir la palabra "hermano" con mucha facilidad y espontaneidad, pero a veces no entendemos la magnitud de lo que ella representa. En el sentido más natural, sabemos que somos hermanos cuando hemos nacido dentro del seno de una familia, estando unidos mediante el lazo de sangre de nuestros padres; o cuando hemos sido adoptados para formar parte de ella.

Para llegar a ser hermanos, en lo espiritual, debemos experimentar un nuevo nacimiento que nos hace parte de la familia de Dios. Los miembros de esta familia participamos de una misma sangre, la preciosa sangre de Jesús que fue derramada en la cruz del calvario y que ahora nos redime de todo pecado.

Hemos sido predestinados *"para ser adoptados hijos suyos por medio de Jesucristo,..."* **Efesios 1:5**.

Ahora bien, un hermano se preocupa por las necesidades de los otros y no solo por las propias. Se alegra con los que se alegran y se conduele con los que se conduelen. No solo está presente cuando todo es fiesta, sino que también se constituye en una mano amiga en los momentos difíciles. Si decimos que amamos a nuestros hermanos, no podemos ser insensibles ante sus necesidades y padecimientos.

Jesús es el mayor ejemplo de hermandad. Él es el primogénito entre muchos hermanos **(Romanos 8:29)** y se presenta como ese hermano mayor, quien nos cuida, protege y libra de aquel que quiere dañarnos. Él se manifestó en carne identificándose con nosotros, sabe lo que significa ser tentado y no es indolente ante nuestras pruebas.

La hermandad no solo está definida por una relación filial, sino que también está marcada por lazos afectivos. El amor fraterno se va acrecentando a medida que nos brindamos aprecio, cariño, ternura, amistad y compartimos las experiencias del día a día. Si la relación entre los miembros de una congregación carece de estos ingredientes nos arriesgamos a parecer a un club social, donde las relaciones no pasan de ser mero formalismos.

El deseo de Dios es que nosotros seamos de un mismo sentir y nos amemos los unos a los otros. Este anhelo lo vemos plasmado reiteradamente en las Escrituras:

Juan 13:34 *"Un mandamiento nuevo os doy: Que os améis unos a otros; como yo os he amado, que también os améis unos a otros"*.

Romanos 12:10 *"Amaos los unos a los otros con amor fraternal; en cuanto a honra, prefiriéndoos los unos a los otros"*.

1 Pedro 1:22 *"Habiendo purificado vuestras almas por la obediencia a la verdad, mediante el Espíritu, para el amor fraternal no fingido, amaos unos a otros entrañablemente, de corazón puro"*

El vínculo del amor

Si queremos cumplir con la ley de Dios, debemos amarnos los unos a los otros y sobrellevar las cargas los unos de los otros. Si decimos que <*la salvación es individual y cada quien vea como se salva*> estaremos diciendo frases que no están alineadas con el pensar y sentir de Dios, Quién desea que todos se salven.

Nosotros hemos sido llamados a formar parte de la familia de Cristo. Aunque el llamamiento fue individual, la cristiandad se vive de manera colectiva. Cuidemos a cada uno de nuestros hermanos y tratemos con suma ternura a los más pequeñitos. No actuemos como Caín, quién cuando fue interpelado por acerca de dónde estaba su hermano Abel, después de haberlo matado; respondió: *"No sé. ¿Soy yo acaso guarda de mi hermano?"* **Génesis 4:9**. Dios nos guarde de tan grande ignorancia y de tanta insensibilidad.

Un Dios de todos

Pablo nos describe con claridad como la hermandad cristiana no depende de nacionalidades, estratos sociales, razas, ni sexo. Ella depende de que participemos de la misma fe en Jesucristo. Él escribió:

"pues todos sois hijos de Dios por la fe en Cristo Jesús; porque todos los que habéis sido bautizados en Cristo, de Cristo estáis revestidos. Ya no hay judío ni griego; no hay esclavo ni libre; no hay varón ni mujer; porque todos vosotros sois uno en Cristo Jesús" **Gálatas 3: 26-28**.

En Jesús, el europeo y el asiático son lo mismo. El rubio y el Mestizo son lo mismo. El obrero y el empresario son lo mismo. La mujer y el hombre son lo mismo. El anciano y el niño son lo mismo. En Cristo se rompen todos los estereotipos y barreras. De modo que dentro de su familia, no hay espacio para la discriminación ni la exclusión.

Ahora bien, para muchos estos conceptos no pasan de ser ideas utópicas, ya que, lamentablemente, hemos visto una realidad diferente en nuestras congregaciones. Una realidad que también se experimentó en un pasado y fue denunciada por Santiago en su epístola universal. Él escribió: *"Hermanos míos, que vuestra fe en nuestro glorioso Señor Jesucristo sea sin acepción de personas..."* **Santiago 2:1**.

Cuando hacemos acepción de personas nos constituimos en jueces y juzgamos según las apariencias, pero Dios no ve las apariencias sino el corazón de los hombres. Por ende, el Espíritu nos insta a que *"ya no nos juzguemos más los unos a los otros, sino más bien decidid no poner tropiezo u ocasión de caer al hermano"* **Romanos 14:13**. Recordemos que por ese hermano murió Cristo y fue Él quien le recibió como hijo, no nosotros.

Nosotros, como la iglesia, tenemos el poder para cambiar esta situación, ensanchando nuestros corazones y extendiendo sus fronteras más allá de nuestro grupo familiar, nuestro círculo cerrado de hermanos y nuestra denominación.

Las uniones entre los hermanos de la fe, sino están basadas en el verdadero afecto fraternal, no pasarán de ser solo alianzas humanas enmarcadas dentro de rótulos y limitadas por las denominaciones. No dejemos que esos rótulos coloquen fronteras invisibles que nos separen de nuestros hermanos, tratando de mutilar el cuerpo de Cristo, el cual es su iglesia en todo lugar. Este es un sentimiento sectario. Recordemos que Jesús viene por su iglesia y no por un grupo en particular.

Nuestro amor no puede estar enclaustrado entre cuatro paredes, si es que deseamos expresar la naturaleza amorosa del Señor, el cual se dio por todos.

Debemos amar a nuestro Señor Jesucristo pero también a su amada, la iglesia, la cual se presentará ante Él en las bodas del cordero. No se puede amar genuinamente a uno, sin amar y estimar al otro. En **1 Juan 4:20** se nos explica que si no amamos a nuestros hermanos a quienes vemos continuamente, ¿Cómo amaremos a Dios a Quién no hemos visto? En consecuencia, son totalmente irracionales afirmaciones como: <*yo asisto a la congregación solamente por Cristo, pero no por los hermanos*> o <*Yo voy a la iglesia a adorar a Dios, pero no quiero relacionarme con nadie*>. No podemos ir a la casa del esposo, despreciando e ignorando a la esposa. Esto no es agradable delante de Dios.

El vínculo del amor

Por otro lado, el congregarse es fundamental para experimentar una vida cristiana normal. No podemos vivir un cristianismo "virtual", a través de mensajes televisivos o por medio del internet. Un abrazo y un beso no pueden ser sustituidos por un millón de "likes" en las redes sociales. No es comparable el beneplácito que nos producen las sonrisas de nuestros hermanos, con el que podemos conseguir viendo fotos y los vídeos en la red. Aprendemos a amar, amando; y a perdonar, perdonando.

Falsas ideas religiosas han llevado a muchas personas a gastar sus vidas aisladas de todo y de todos, como ha pasado con algunos monjes que han dejado de disfrutar de las bendiciones del verdadero cristianismo. Mostramos nuestro amor a Dios amando a nuestros hermanos, no separándonos de ellos.

En el **Salmo 133** leemos:

¡Mirad cuán bueno y cuán delicioso es habitar los hermanos juntos en armonía!... Porque allí envía Jehová bendición, Y vida eterna.".

El Señor envía su bendición donde hay armonía. Para lograr la armonía musical no hace falta que todos los instrumentos sean iguales, pero sí que toquen la misma sinfonía. De manera similar, para lograr la armonía dentro de la iglesia, no se requiere que todos seamos idénticos, pero sí es necesario que todos nos esforcemos por mantenernos en una misma mente y un mismo sentir, dejando que sea el Espíritu Santo quien nos guíe y haga posible esta realidad.

Cuando llegó el día de Pentecostés, en el libro de los hechos, estaban todos los discípulos juntos y unánimes en el aposento alto. Entonces el Señor derramó su Espíritu Santo sobre los que estaban reunidos. Es en la unión, en la fraternidad, en el orar juntos, con un mismo propósito y un mismo sentir, donde el Señor derrama sus bendiciones.

Para concluir, quisiera citar **Romanos 15:1,2** donde se nos dice: *"Así que, los que somos fuertes debemos soportar las flaquezas de los débiles, y no agradarnos a nosotros mismos. Cada uno de nosotros agrade a su prójimo en lo que es bueno, para edificación"*.

Las reuniones no deben servir como ocasión para exponernos a nosotros mismos. Al contrario, deben ser momentos para compartir con los hermanos con candidez y amor. Recreemos lo vivido por los discípulos en **Hechos 2:46**, cuando todos perseveraban unánimes y compartían el pan con alegría y sencillez. No perdamos tanto tiempo en procurar que los demás nos escuchen para transmitirles nuestros puntos de vista, más bien preocupémonos en mostrarles un amor genuino. Recibámonos con amor los unos a los otros y saludémonos con cordialidad y sencillez. Esto es agradable delante de Dios.

Creciendo Juntos

Jesús dijo: *"En esto conocerán todos que sois mis discípulos, si tuviereis amor los unos con los otros"* **Juan 13:35**.

La manera como se puede identificar a los verdaderos seguidores de Cristo es observando el amor que se profesan entre sí. Si no hay amor entre los hombres, cómo se puede decir que son discípulos de Dios, si Dios es amor.

El amor hacia nuestros hermanos debe mostrarse de manera desinteresada y genuina. Éste no solo se expresa durante las reuniones de oración o en la congregación del día domingo. El que ama a su hermano anhela su crecimiento y está interesado en que se desarrolle plenamente.

En este mundo, cada quien busca lo suyo y aspira altas posiciones para ser servido, reconocido y admirado. Pero en el Señor, en su familia, esto no debe acontecer. Así no se mueve la verdadera iglesia de Cristo y así tampoco aprendimos de Él. Jesús vino no para ser servido sino para servir y dar su vida por la salvación de muchos **(Marcos 10:45)**.

Los dones o carismas que Dios nos repartió, como iglesia, no son para que los demás nos admiren por ellos, ya que ni siquiera son nuestros, ni los obtuvimos por méritos propios. Tampoco son para que nos enseñoreemos sobre los hombres, recibiendo pleitesía de ellos. Los dones y los ministerios son para ponerlos a servicio de la obra, para el crecimiento de los hermanos.

Los dones, según **1 Corintios 14:12**, deben ser utilizados para la edificación del cuerpo de Cristo. Leemos *"Así también vosotros; pues que anheláis dones* *espirituales, procurad abundar en ellos para edificación de la iglesia".*

Los ministerios son constituidos por Dios para el perfeccionamiento de sus hijos y prepararlos para su obra. **Efesios 4:11-13** dice *"Y él mismo constituyó a unos, apóstoles; a otros, profetas; a otros, evangelistas; a otros, pastores y maestros, a fin de perfeccionar a los santos para la obra del ministerio, para la edificación del cuerpo de Cristo, hasta que todos lleguemos a la unidad de la fe y del conocimiento del Hijo de Dios, a un varón perfecto, a la medida de la estatura de la plenitud de Cristo".*

Trabajemos con el objetivo de que todos *"lleguemos a la unidad de la fe y del conocimiento de nuestro Señor Jesucristo"*. No podemos contentarnos con que lleguen solo unos cuantos, o con que lleguen solo los pastores y los líderes. No podemos descansar hasta que nuestros hermanos alcancen el mismo reposo que el Señor nos ha dado a nosotros. Los más fuertes y valientes deben ir adelante y luego ayudar a los más débiles **(Josué 1:13-15)**. A algunos hay que ayudarlos a entrar y a otros arrebatarlos del fuego.

En el amor fraternal se refleja en que, en lo que tengamos oportunidad, hagamos el bien a nuestros hermanos y procuremos su crecimiento. Tengamos presente que el Señor viene por una iglesia madura, sin manchas y si arrugas, que esté ataviada y preparada para las bodas del Cordero **(Apocalipsis 19:7-9)**. La amada debe tener la estatura y madurez necesaria para que se celebren estas bodas. En consecuencia, si decimos que amamos la venida del Señor debemos procurar el crecimiento de la iglesia. Si no tenemos este sentimiento, sencillamente no estamos sintonizados con el deseo de Cristo.

"Y el Espíritu y la Esposa dicen: Ven. Y el que oye, diga: Ven...". "...Amén; sí, ven, Señor Jesús". ***Apocalipsis 22:17 y 20.***

Capítulo X

Dios es Amor

Por último, al afecto fraternal se le debe añadir amor, el cual es la expresión misma de Dios y de su perfecta naturaleza. El amor es la esencia del Señor, porque Dios es amor. Por ende, considero presuntuoso, por no decir imposible, el tratar de describirlo en unas pocas páginas, ya que éste es inconmensurable e infinito. Sin embargo, el anhelo de mi espíritu es que a través de estos pocos párrafos ustedes puedan, no solamente aprender del amor de Dios, sino que también puedan sentirlo.

Lamentablemente el concepto de amor, que muchos hemos manejado hasta ahora, ha sido formado a partir de lo que mundo secular y los medios masivos nos han transmitido, mas no ha estado fundamentado en la Palabra de Dios. El amor que nos han enseñado es, en muchos casos, celoso, caprichoso, egoísta, posesivo, castrante y sobre protector. Este tipo de manifestaciones divergen de lo que realmente significa el verdadero amor y por lo tanto no las trataremos en este libro. En este capítulo nos vamos a enfocar en el amor **Ágape** del Señor, el cual se expresa de manera desinteresada a todos los hombres, no hace acepción de personas, es entregado y busca el bien del objeto amado. Ágape no nos oprime ni nos maltrata, sino que por el contrario nos libera y nos impulsa a hacer lo correcto, a vivir conforme a la voluntad de Dios y a amar a nuestros semejantes.

La palabra amor, en nuestra lengua española, tiene varias acepciones y presenta diferentes matices dependiendo del contexto. La usamos para expresar nuestro gusto por un chocolate, por una canción, por una pareja o para hablar del amor y cariño que tenemos hacia nuestros familiares y amigos. Sin embargo, en el griego encontramos cuatro términos que se usan para describir los diferentes tipos de amor que hoy conocemos, sentimos y

Participantes de la Naturaleza Divina

expresamos; y entre ellos existen marcadas diferencias. Con el objetivo de evitar ambigüedades y para tratar de definir el amor en sus diferentes perspectivas, vamos a apoyarnos en las descripciones presentadas por el autor **William Barclay** en su libro **Palabras Griegas del Nuevo testamento**:

Eros: *"El sustantivo Eros y el verbo Eran se usan principalmente para denotar el amor entre los sexos".... "No aparecen en absoluto en el nuevo testamento"* [q].

Este es el tipo de amor pasional y físico. Tiende a ser de corta duración, condicional y depende de circunstancias. Es egoísta, busca la satisfacción propia y tiene sus fundamentos en la atracción física. El término Erotismo tiene sus raíces en esta palabra. Cuando una relación se basa en este tipo de amor, tiende a desaparecer, porque apenas alguien sienten que éste se "extingue" o "ya no siente lo mismo", es un motivo más que suficiente para terminar la relación y buscar satisfacción y reconforto en otras parejas.

Storge: *"El sustantivo Storge y el verbo Stergein tienen que ver especialmente con los afectos familiares"..."su uso regular describe fundamentalmente el amor de padres a hijos y viceversa".... "Estas palabras no se encuentran en el NT excepto el adjetivo afín Philostorgos, que aparece una vez en Romanos 12:10 (el gran capítulo que pablo dedica a la ética) y que la versión Reina Valera de 1908 traduce amor fraternal"* [r].

Philia: *"Las palabras griegas más comunes para amor son el sustantivo Philia y el verbo philein, y ambas tienen un halo de cálido atractivo"... "pueden usarse respecto del amor entre amigos y entre esposos. La mejor traducción de Philein es apreciar, la cual, incluyendo el amor físico, abarca mucho más"..."En el NT, Phelein se utiliza también para expresar el amor entre padres e hijos (Mt. 10:37); el amor de Jesús a lázaro (Jn. 11:3,36) y, una vez, el amor de Jesús al discípulo amado (Jn. 20:2). Philia y Philein son palabras hermosas para describir una relación hermosa"* [s].

El amor philia (Filial) es un amor lleno de afecto, cariño, ternura y que lleva a compartir. En el griego clásico, denota el amor entre hermanos

Dios es Amor

consanguíneos, pero en el contexto del nuevo testamento, se refiere al amor que debe existir entre los hermanos de una misma comunidad cristiana, participantes de la fe en Jesucristo.

Ágape: *"El amor ágape es la característica fundamental del amor cristiano"... "no alcanza únicamente a nuestros parientes; a nuestros amigos más íntimos y, en general, a todos los que nos aman; el amor cristiano se extiende hasta el prójimo, sea amigo o enemigo, y hasta el mundo entero"... "Nadie amó jamás a su enemigo, pero al llegar a hacerlo es una auténtica conquista de todas nuestras inclinaciones naturales y emocionales"... "Este ágape, este amor cristiano, no es una simple experiencia emocional que nos venga espontáneamente; es un principio deliberado de la mente, una conquista deliberada, una proeza de la voluntad"*[t].

Ágape, es una palabra griega que se traduce como amor y que usó el apóstol Pedro cuando dijo añadid *"al afecto fraternal, amor."* **(2 Pedro 1:7)**. Él la describió como el último peldaño a alcanzar en nuestra experiencia de participar de la naturaleza divina. El amor ágape es la meta de la carrera que estamos transitando y la cima de la montaña que estamos escalando. Es la cúspide de una vida cristiana, que comienza en la fe y se va desarrollando hasta alcanzar un crecimiento pleno. Al ser partícipes del amor ágape de Dios estamos participando de su naturaleza misma; ya que, tal como lo mencionamos anteriormente, Dios no solamente es amoroso sino que Él es el amor mismo **(1 Juan 4:16)**.

Ágape es un amor inmerecido, que no depende de emociones momentáneas, sino que está fundamentado sobre una voluntad dispuesta y en una decisión personal. No pende de estados de ánimo sino que al contrario es resuelto, deliberado y consciente. Este tipo de amor denota el carácter de Dios, quien nos ha mostrado su amor sin importar nuestra condición caída.

El amor que Dios nos ha dado es "a pesar de". A pesar de nuestros pecados, a pesar de nuestra ignorancia, a pesar de que no le hemos amado, a pesar de que éramos sus enemigos, a pesar de que no le habíamos conocido, a pesar de que en su momento lo despreciamos y no lo estimamos. Su amor gravita en el puro afecto de su voluntad.

De tal manera amaste al mundo

Un versículo que describe muy claramente el amor ágape de Dios es **Juan 3:16**, allí dice: *"Porque de tal manera amó Dios al mundo que ha dado a su Hijo unigénito, para que todo aquel que en él cree, no se pierda, mas tenga vida eterna"*.

Este versículo muestra varias características fundamentales del amor ágape. La primera es su inconmensurabilidad. La expresión *"de tal manera"* indica lo ilimitado e infinito que es. No se puede medir, es incalculable. En segundo término, también denota la universalidad del amor de Dios, Quién *"amó al mundo"*. Su misericordia se ha extendido a todos los hombres, inclusive a aquellos que todavía no le han reconocido como su Señor. Cristo no murió por unos cuantos o por una congregación en particular, el murió por todos, no queriendo que nadie perezca sino que todos le conozcan y sean librados de la muerte. El amor fraterno, que describimos en el capítulo anterior, alcanza solo a los hermanos de la comunidad cristiana. Pero el amor ágape es ilimitado y se extiende a todos los hombres.

Por último, el amor de Dios es sacrificial ya que nos *"ha dado a su Hijo unigénito"*. Dios ha entregado lo más preciado y hermoso por amor a un mundo que no lo estimaba. El amor se entrega y se da por el bienestar de otros. No vela solo por lo suyo propio sino también por lo de los demás. Sin entrega no hay amor. Ese es el amor que Dios demanda de nosotros para con nuestros semejantes, un amor desinteresado, entregado, paciente, tolerante y sacrificial. El verdadero y genuino amor, algunas veces, significa sufrimiento, dolor, rechazo y tristeza, pero a la postre significará siempre alegría y gozo en el Espíritu.

El amor de Dios es completo y perfecto. El hecho de que el amor sea infinito e inconmensurable no implica que sea desmedido, desequilibrado o ciego, sino que él aplica la justicia, la disciplina y la represión cuando son necesarias *"Porque el Señor al que ama, disciplina...."* **Hebreos 12:6**.

Dios hace lo mejor para el hombre y no lo que éste desea. Ágape expresa el amor perfecto de un Padre quien nos ama, nos aconseja, nos provee y nos guía; mas no nos sobreprotege, no complace nuestros caprichos ni tampoco coarta nuestra libertad de decisión. No nos evita las consecuencias de las malas decisiones, pero siempre está allí para levantarnos cuando nos arrepentimos, ayudándonos e impulsándonos a seguir adelante; como un padre muestra su amor para con su hijo, cuando éste cae, mientras aprende a dar sus primeros pasos. Nosotros, como hijos amados, si deseamos servir a Dios con un corazón sincero, debemos aceptar su corrección y disciplina, de esta manera, Él nos tratará como a hijos.

Muchos han pensado erróneamente que como *"Dios es amor"* pueden vivir de cualquier manera y actuar locamente sin recibir la consecuencia de sus actos. Este pensamiento es insano y antagoniza con la palabra de Dios. No podemos ignorar que Él es un Dios Santo y Justo y que todos vamos a dar cuenta un día delante de Él, sin mencionar también que en esta vida, vamos a ir cosechando lo que vayamos sembrando.

Para finalizar este apartado, debemos decir que Jesucristo es la personificación viva del amor y lo expresa en toda su extensión. Hablar del amor es hablar de Cristo. Hablar del amor es hablar de lo que hizo en la cruz. En la cruz se muestra con creces el amor de Dios para con los hombres y su interés en que éste se salve y reine juntamente con Él.

Muchos quieren hablar de Jesús como un gran maestro, un gran filósofo o un gran moralista, pero no quieren hablar del mensaje de la cruz, porque les resulta muy incómodo. Déjeme decirles que no se puede desligar a la persona de Jesucristo de la obra que hizo en la cruz. El hacerlo, no solo significaría desvirtuar su obra redentora, sino sería desconocer la expresión perfecta de su amor para con el mundo. La cruz diferencia completamente a Jesucristo de cualquier líder religioso o de cualquier filósofo del mundo.

Jesús dijo que no hay amor más grande que el de aquél que da la vida por sus amigos. Bien, en la cruz Él mostró un amor mayor, ya que no solo dio su vida por sus amigos, sino que también la dio por aquellos que éramos, por

Participantes de la Naturaleza Divina

naturaleza, sus enemigos.

El amor se entrega y se da por otros. El Señor nos amó de tal manera que se despojó de toda su gloria para tomar forma de hombre y venir a dar su vida en rescate de nosotros. Dios se hizo carne y se manifestó entre los hombres en la persona de Jesucristo. Cristo, *"no estimó el ser igual a Dios como cosa a que aferrarse, sino que se despojó a sí mismo, tomando forma de siervo, hecho semejantes a los hombres; y estando en condición de hombre, se humilló a sí mismo, haciéndose obediente hasta la muerte y muerte de cruz"* **Filipense 2:6-8.**

¿Me amas?

¿Me amas? Esta fue la pregunta que retumbó en los oídos del apóstol Pedro, la tercera vez que Jesús se manifestó a sus discípulos, una vez que hubo resucitado de entre los muertos. Acompáñenme a disfrutar del sobrecogedor diálogo que tomó lugar entre Pedro y su maestro:

"Cuando hubieron comido, Jesús dijo a Simón Pedro: Simón, hijo de Jonás, ¿me amas más que éstos? Le respondió: Sí, Señor; tú sabes que te amo. Él le dijo: Apacienta mis corderos. Volvió a decirle la segunda vez: Simón, hijo de Jonás, ¿me amas? Pedro le respondió: Sí, Señor; tú sabes que te amo. Le dijo: Pastorea mis ovejas. Le dijo la tercera vez: Simón, hijo de Jonás, ¿me amas? Pedro se entristeció de que le dijese la tercera vez: ¿Me amas? y le respondió: Señor, tú lo sabes todo; tú sabes que te amo. Jesús le dijo: Apacienta mis ovejas. De cierto, de cierto te digo: Cuando eras más joven, te ceñías, e ibas a donde querías; mas cuando ya seas viejo, extenderás tus manos, y te ceñirá otro, y te llevará a donde no quieras. Esto dijo, dando a entender con qué muerte había de glorificar a Dios. Y dicho esto, añadió: Sígueme". **Juan 21:15-19.**

Hay muchas cosas que se pueden rescatar de este pasaje, sin embargo, hay algo que me llama poderosamente la atención, y esta es la diferencia entre el verbo que usó Jesús para preguntar a Pedro si le amaba y el que usó Pedro para responderle. Jesús le preguntó a Pedro, las primeras dos veces, usando el verbo "**Agapao**" y la tercera vez, usando el verbo "**Fileo**". Simón Pedro, por su parte, respondió las tres veces usando el verbo "**Fileo**". Jesús preguntaba, "¿me amas?" Y Pedro respondía, "te quiero". Para una mayor comprensión, leamos nuevamente este texto en la versión **La Biblia de las Américas**:

"Entonces, cuando habían acabado de desayunar, Jesús dijo a Simón Pedro: Simón, hijo de Juan, ¿me amas más que estos? Pedro le dijo: Sí, Señor, tú sabes que te quiero. Jesús le dijo: Apacienta mis corderos. ¹⁶ Y volvió a decirle por segunda vez: Simón, hijo de Juan, ¿me amas? Pedro le dijo: Sí, Señor, tú sabes que te quiero. Jesús le dijo: Pastorea mis ovejas. Le dijo por tercera vez: Simón, hijo de Juan, ¿me quieres? Pedro se entristeció porque la tercera vez le dijo: ¿Me quieres? Y le respondió: Señor, tú lo sabes todo; tú sabes que te quiero. Jesús le dijo: Apacienta mis ovejas. En verdad, en verdad te digo: cuando eras más joven te vestías y andabas por donde querías; pero cuando seas viejo extenderás las manos y otro te vestirá, y te llevará adonde no quieras. Esto dijo, dando a entender la clase de muerte con que Pedro glorificaría a Dios. Y habiendo dicho esto, le dijo: Sígueme". **Juan 21:15-19**.

Basados en las definiciones del Amor Ágape y del Filial, presentadas en la sección anterior, podríamos decir que Jesús le preguntaba a Pedro de la siguiente manera: Pedro, ¿me amas con amor sacrificial y entregado? ¿Me amas de tal modo que dejarías a un lado tus planes y tus negocios, para ocuparte de los míos? ¿Me amas de tal manera que obedecerías mis palabras y guardarías mis mandamientos?

Por su parte, Pedro le respondía, de forma sincera, usando el verbo Fileo. Señor te quiero, te aprecio, te tengo cariño. Tal vez, con esta respuesta, Pedro reconocía que tenía afección por Jesús, sin embargo, todavía no se sentía capaz de amarlo de la manera que Él le demandaba. Posiblemente, todavía estaba palpitando en su mente el recuerdo de que lo había negado en tres oportunidades.

Participantes de la Naturaleza Divina

Ahora bien, tratemos de identificarnos con este mensaje. Nos encanta decir <Te amo Señor>. Levantar nuestras manos a cielo en señal de alabanza. Expresarle a Dios con los labios nuestro afecto y devoción. Pero, tal vez, todavía no podemos decir que le amamos, con amor ágape. Todavía no le amamos de tal manera que Él sea lo primero en nuestras vidas y que sus asuntos sean nuestra prioridad. No le amamos de tal manera que pongamos sus intereses sobre los nuestros. Le amamos, pero no hasta el punto de dejar nuestra vana personalidad, nuestro orgullo, nuestros pecados y nuestros vicios de lado. Le amamos pero no hasta el punto de anhelar y buscar serle fiel, entregándonos a Él por completo.

La pregunta que Jesús formuló a Simón Pedro, hace dos mil años, se mantiene en el tiempo y ahora resuena en nuestras cabezas. Jesús nos interpela diciendo: ¿Me amas? Reflexionemos un poco en esto.

Ahora bien, el Señor le preguntaba a Pedro si le amaba, porque tenía una misión y un encargo que darle. Él, de alguna manera, le decía: necesito que te encargues de mis ovejas y pastorees a mis corderos. Necesito que te ocupes de lo mío, de mis asuntos, de mis negocios.

Pedro en su momento, tal vez no se sentía preparado o capaz de amar a Jesús de esta manera. No obstante, esta situación tuvo un vuelco radical, una vez que fue lleno del Espíritu Santo, en aquel lugar identificado como el aposento alto. A partir de ese entonces, vemos a un Pedro lleno del Espíritu, mostrando un amor entregado y sacrificial. Un amor Ágape.

Ahora bien, Dios quiere saber si le amamos para poder llevarnos a otro nivel y encomendarnos una misión. Dios nos puede confiar sus ovejas a alguien que no le ama genuinamente. A alguien que no desea cumplir su Palabra y guardar sus mandamientos. Dios no puede encomendar sus negocios a alguien que no le ame.

Hermanos, quisiera instarles a que pastoreemos a las ovejas y a los corderos del Señor. Esta no es una función única de aquellos que tienen un ministerio dentro de la iglesia, sino que es una responsabilidad de todos aquellos que amamos a Cristo. Pastorear a las ovejas es llevar a nuestros hermanos palabras de reconforto, de paz y confianza en medio de sus tribulaciones. Es llevarlos a un lugar en donde comerán del pasto fresco, que es de la Palabra de Dios. Es ayudarles, con la guía del Espíritu, en medio de sus momentos de pruebas. El principal requisito para pastorear es amar.

Para finalizar, con el objetivo de evitar malos entendidos, quisiera clarificar que el hecho de pastorear a nuestros hermanos, en un momento determinado, no nos hace pastores. Este es un llamado que el Señor hace y un ministerio que Él mismo constituye, por ende, no podemos autoproclamarnos pastores. Este asunto será tratado en una próxima entrega.

¿Cómo sabemos que Le amamos?

Dios nos ha amado con amor eterno y tenemos pruebas indubitables de esta gran verdad. Pero de nuestro lado, ¿Cómo sabemos que Le amamos? ¿Cuáles son las pruebas de nuestro amor? En **Juan 14: 23, 24** Jesús dijo:

"El que me ama, mi palabra guardará; y mi Padre le amará, y vendremos a él, y haremos morada con él. El que no me ama, no guarda mis palabras; y la palabra que habéis oído no es mía, sino del Padre que me envió".

Esta es la manera en que podemos saber que amamos a Dios y que su amor permanece en nosotros, cuando guardamos su Palabra en nuestros corazones, seguimos sus mandamientos y hacemos su voluntad. Y este es su mandamiento. *"...Que os améis unos a otros, como yo os he amado"* **Juan 15:12**. De esta manera, el mundo sabrá que somos sus discípulos. Si somos obedientes a esta palabra estaremos demostrando que también le amamos, así como Él nos ha amado.

Ágape es la cúspide de una vida cristiana fundamentada en el Señor y que busca imitar más y más a su maestro, atesorando y poniendo por obra su Palabra. En el amor se cumplen todos los mandamientos, porque todos los preceptos y ordenanzas escritas en la ley de Dios, se cumplen en amarás a Dios con todo tu corazón y al prójimo como a ti mismo. Las escrituras dicen en **Romanos 13: 9-10** *"Porque: No adulterarás, no matarás, no hurtarás, no* *dirás falso testimonio, no codiciarás, y cualquier otro mandamiento, en esta sentencia se resume: Amarás a tu prójimo como a ti mismo. El amor no hace mal al prójimo; así que el cumplimiento de la ley es el amor"*. Así que, si queremos cumplir y vivir la ley real de Dios y ser agradables delante de Su presencia, debemos andar en amor, ya que el amor es mayor que cualquier sacrificio u holocausto que podamos hacer.

El amor que Dios demanda de nosotros es desinteresado y sacrificial. Nuestro amor al Señor y nuestro amor al prójimo, es respuesta al amor que hemos recibido de Dios. En la primera carta de **Juan 4:10**, dice: *"En esto consiste el amor: no en que nosotros hayamos amado a Dios, sino en que él nos amó a nosotros, y envió a su Hijo en propiciación por nuestros pecados"* y en **1 Juan 4:19** dice *"Nosotros le amamos a él, porque él nos amó primero"*.

Una vida que no experimenta el amor ágape, está incompleta y no ha llegado a su plena realización. Sin amor el hombre nunca llegará a cumplir el propósito para el cual fue creado. Sin él las personas nunca encontrarían el verdadero sentido de la vida aunque, aparentemente, sean personas exitosas. Nosotros fuimos creados para esto, para participar del amor de Dios y de su naturaleza divina.

1 Juan 4:7 *"Amados, amémonos unos a otros; porque el amor es de Dios. Todo aquel que ama, es nacido de Dios, y conoce a Dios"*.

El amor es mayor de todas las virtudes

El amor es el final de nuestra carrera. En él están contenidos todos los dones y las virtudes que han sido expuestas anteriormente. En cada capítulo de este libro se evidencia el amor de Dios como una realidad y como el cumplimiento perfecto de cada virtud. Sin él, todas y cada una de ellas, resultan vacías y sin fundamento. Vamos a demostrar esto a través de la hermosa descripción que el apóstol Pablo hizo acerca del amor:

"El amor es sufrido, es benigno; el amor no tiene envidia, el amor no es jactancioso, no se envanece; no hace nada indebido, no busca lo suyo, no se irrita, no guarda rencor; no se goza de la injusticia, mas se goza de la verdad.

Todo lo sufre, todo lo cree, todo lo espera, todo lo soporta." **1 Corintios 13:4-8.**

A través de esta exposición podemos entender que todo aquél que ama tiene fe, porque el amor todo lo cree. El que ama se llena de paciencia, porque el amor todo lo soporta y todo lo espera. El que ama se esfuerza por dominarse a sí mismo, porque el amor no permite que te irrites o que hagas lo indebido. El que ama no engaña, no guarda rencor, no miente; sino que al contrario está lleno de piedad y de misericordia. En el amor se puede experimentar verdaderamente el afecto fraternal, ya que el amor es el vínculo perfecto. En consecuencia, una vida llena de amor no puede carecer de fe, virtud, conocimiento, dominio propio, paciencia, piedad y afecto fraternal.

En este mismo Capítulo 13 de primera de Corintios, evidenciamos la importancia del amor sobre todas las cosas y sobre todos los dones. Allí se lee:

"Si yo hablase lenguas humanas y angélicas, y no tengo amor, vengo a ser como metal que resuena, o címbalo que retiñe. Y si tuviese profecía, y entendiese todos los misterios y toda ciencia, y si tuviese toda la fe, de tal manera que trasladase los montes, y no tengo amor, nada soy. Y si repartiese todos mis bienes para dar de comer a los pobres, y si entregase mi cuerpo para ser quemado, y no tengo amor, de nada me sirve" **1 Corintios 13:1-3**... *"El amor nunca deja de ser; pero las profecías se acabarán, y cesarán las lenguas, y la ciencia acabará. Porque en parte conocemos, y en parte profetizamos; mas cuando venga lo perfecto, entonces lo que es en parte se acabará"* **1 Corintios 13:8-10**.... *"Y ahora permanecen la fe, la esperanza y el amor, estos tres; pero el mayor de ellos es el amor"* **1 Corintios 13:13.**

Estos versículos nos hablan claramente acerca de la importancia del amor y de su superioridad sobre todos los dones, aun por sobre la fe y la esperanza. Ellos nos llevan a meditar profundamente en: ¿Con qué nos vamos a presentar delante de Dios el día que compareceremos ante su presencia? Porque si nos presentamos delante de Dios con dones de lenguas solamente, pero sin amor, en nada nos diferenciaríamos de un instrumento inanimado que produce sonidos de acuerdo a aquél quien lo ejecuta. Ciertamente estaríamos disfrutando de un don de Dios, pero no expresaríamos completamente su naturaleza. Y si fuéramos delante del Señor con mucho conocimiento, sabiduría, profecías e incluso con fe, pero sin amor; nada seríamos y otra vez el Señor no vería su naturaleza reflejada en nosotros. Inclusive podríamos entregar todos nuestros bienes y hacer muchas obras para Dios, pero si no tenemos su amor en nosotros, de nada nos servirían y nada seríamos. Amemos, pues, intensamente, porque todas las cosas de este mundo pasarán, pero el amor nunca dejará de ser. Las lenguas cesarán, las profecías y la ciencia se acabarán, mas el amor de Dios permanecerá para siempre.

Cuando recapacitamos en los puntos anteriormente expuestos, podemos comenzar a comprender aquellas palabras que dijo Jesús y que fueron impresas en **Mateo 7:21-23**:

"No todo el que me dice: Señor, Señor, entrará en el reino de los cielos, sino el que hace la voluntad de mi Padre que está en los cielos. Muchos me dirán en aquel día: Señor, Señor, ¿no profetizamos en tu nombre, y en tu nombre echamos fuera demonios, y en tu nombre hicimos muchos milagros? Y entonces les declararé: Nunca os conocí; apartaos de mí, hacedores de maldad".

Estas palabras rompieron mi esquema mental y me hicieron cambiar completamente mi concepción acerca de la vida cristiana. Me impresiona ver como Jesús muestra que pueden existir personas que tengan dones de Dios y los usen, pero que no conozcan a Dios verdaderamente y, peor aún, que no sean conocidos por Él. Personas que llevando una vida "religiosa" pueden estar lejos de Él. Que podrían hacer milagros y prodigios, usando el Santo nombre de nuestro amado Salvador; pero no conteniendo la esencia de Dios en sus vidas. Que podrían predicar las palabras de las buenas nuevas del evangelio de Dios, pero no con las motivaciones válidas y correctas, sino que lo harían por envidias, disensión o ávidos por obtener ganancias deshonestas. Los que tal hacen, nada son. Siendo así, busquemos aquellas cosas que son eternas y que nos garantizan tesoros sempiternos. Busquemos los dones mejores, pero sobretodo busquemos el amor y de esta manera estaremos participando de la naturaleza divina de Dios. Y tal como lo expresó el apóstol Pedro:

"Porque si estas cosas están en vosotros, y abundan, no os dejarán estar ociosos ni sin fruto en cuanto al conocimiento de nuestro Señor Jesucristo" Y *"...de esta manera os será otorgada amplia y generosa entrada en el reino eterno de nuestro Señor y Salvador Jesucristo"* **2 Pedro 1:8,11**. Amén.

Epílogo

Estimados hermanos, observemos todo el camino que hemos recorrido. La fe ha sido la partida y el amor la llegada. Esta senda de fe y salvación se debe correr con toda paciencia, sabiendo que no estamos solos y que el Señor mismo nos lleva de la mano hasta hacernos vencedores. Por nuestra parte, dispongamos nuestros corazones y conciencias para vivir delante de Él con una fe no fingida, deseando serle agradable en todo tiempo y rogando ser saturados de su naturaleza cada día. Seamos maleables en sus manos así como el barro en las manos del alfarero. Él es maestro y nosotros, su lienzo. Permitamos, pues, que perfeccione su obra en nosotros. Él conoce la escena completa de esta pintura y el desenlace final de esta historia. Reconozcamos que nos falta mucho por recorrer hasta llegar a la meta del amor perfecto; sin embargo, no dejemos de crecer, poniendo diligencia en añadir a nuestras vidas cada una de las virtudes presentadas en este libro. Este es mi anhelo personal y mi búsqueda diaria.

A medida que crezcamos en la vida y el amor de Cristo, seremos transformados de gloria en gloria en su misma imagen, por la acción del Espíritu Santo. De esta manera, no tendremos la vista corta ni estaremos sin fruto en cuanto al conocimiento del Señor, tal como lo expresó el apóstol Pedro en su epístola.

Ahora los invito a que hagamos un ejercicio de introspección y pensemos en qué parte del camino nos encontramos. Meditemos acerca de cuánto hemos podido añadir de las virtudes de Cristo y cuáles son aquellos aspectos en los que encontramos fallos. Reconozcamos que, tal vez, le hemos entregado nuestros corazones parcialmente. Que existen bunkers profundos y habitaciones secretas donde no le hemos permitido entrar, porque nos avergüenzan, nos parecen muy sensibles o sencillamente no queremos. Les pido que abramos las puertas de nuestro corazón confiadamente a Jesucristo, dejemos que entre en todas sus recamaras y nos restaure. El vino a hacer de nosotros una nueva creación.

Finalmente, les invito a que entremos en intimidad y hablemos con nuestro Padre. Si alguno todavía no lo ha reconocido como Señor y Salvador, aproveche esta oportunidad para hacerlo. Hoy es el día de salvación. Oremos:

Señor Jesús, hoy me acerco a ti, no confiando en mi justicia ni en mi fuerzas, sino en la grandeza de tus misericordias, reconociendo que por tu muerte en la cruz y por tu resurrección, he sido redimido y me has dado vida eterna. Reconozco que no solo he cometido muchos pecados, sino que también soy un pecador. Perdóname por todas las faltas y transgresiones que he cometido contra ti y contra mis semejantes. Trata con mi corazón para que yo también pueda perdonar a aquellos que me han ofendido y lastimado. Te reconozco como mi único y suficiente salvador. Recíbeme como hijo e inscribe mi nombre en el libro de la vida. Mi futuro y mis tiempos están en tus manos. Guíame por tus caminos de verdad y de Justicia. Lléname de tu Espíritu Santo y crea en mí un corazón nuevo. No permitas que resbale ni me dejes caer en la tentación. Líbrame de todo mal y enséñame el camino que he de escoger. Añade a mi vida cada día más de tus virtudes. Úsame como un instrumento útil para tu obra, para que tu verdad sea llevada por doquier que yo ande. Gracias mi Señor por haber oído mi oración y porque ahora sé que está salvación es una realidad patente en mi vida y también creo que lo será en la de mi familiares y amigos. A ti sea toda la honra, la gloria y el poder, por los siglos de los siglos. Amén.

Quiero agradecerle infinitamente por haber tomado de su tiempo para la lectura de este material. De igual manera, agradecería que me escriban para contarme cómo este libro ha influenciado sus vidas o para transmitirme cualquier comentario que contribuya a la mutua edificación. Les invito a leer el segundo libro de esta serie, en el cual, estoy seguro, el Señor nos revelará cosas nuevas y refrescantes, que traerán regocijo a nuestras almas. Por favor no dude en contactarnos a través de los siguientes medios:

E-mail: ministerioespirituyvida7@gmail.com.
Blog: http://ministerioespirituyvida.simplesite.com.

Si desea adquirir más ejemplares de este libro, sírvase del portal de comercio electrónico de AMAZON para comprarlo. O contáctenos a través de nuestro blog.

Que la paz y el gozo de nuestro Señor Jesucristo sean con todos ustedes.

Notas

Capítulo I: El Deseo de Dios
(a) Blaise Pascal. http://akifrases.com/frase/125031.
(b) Warren, Rick (2002). *Una vida con propósito*. Florida: VIDA
(c) Canción "Last Kiss".VO por Wayne Cochran, Joe Carpenter, Randall Hoyal & Bobby McGlon. http://en.wikipedia.org/wiki/Last_Kiss

Capítulo III: La fe como fundamento
(d) La fe. Diccionario de la RAE. http://lema.rae.es/drae/?val=fe
(e) La fe. Diccionario de la RAE. http://lema.rae.es/drae/?val=fe
(f) La fe. Diccionario de la RAE. http://lema.rae.es/drae/?val=fe
(g) La fe. Diccionario de la RAE. http://lema.rae.es/drae/?val=fe
(h) La Certeza: https://www.wordreference.com/definicion/certeza
(i) La Convicción: https://www.lexico.com/es/definicion/conviccion
(j) Biblia versión Traducción al lenguaje actual (TLA) Copyright © 2000 by United Bible Societies.

Capítulo VI: La templanza del vencedor
(k) Vidal, José M.(2004, abril). Apasionados por la flagelación. El mundo. Número 442.
http://www.elmundo.es/cronica/2004/442/1081167116.html

Capítulo VII: Paciencia continua
(l) Barclay, William Palabras Griegas Del Nuevo Testamento. (1991). Barcelona: CLIE.

Capítulo VIII: La verdadera religión
(m) Piedad. Diccionario de la RAE. http://lema.rae.es/drae/?val=piedad
(n) W.E. Vine. Diccionario del Nuevo Testamento. Referencia G2150. Eusebeia (εὐσέβεια G2150).
(o) Eusebéia: Barclay, William. Comentario al NuevoTestamento: Santiago y Pedro, Volumen14. Barcelona: CLIE. (1994).
(p) Definición de Empatía: https://es.wikipedia.org/wiki/Empat%C3%ADa

Capítulo X: Dios es Amor

[q] Definición Eros: Barclay, William (1991). Palabras Griegas Del Nuevo Testamento. Barcelona: CLIE.

[r] Definición Storge: Barclay, William (1991). Palabras Griegas Del Nuevo Testamento. Barcelona: CLIE.

[s] Definición Philia: Barclay, William (1991). Palabras Griegas Del Nuevo Testamento. Barcelona: CLIE.

[t] Definición Ágape: Barclay, William (1991). Palabras Griegas Del Nuevo Testamento. Barcelona: CLIE.

Printed in Great Britain
by Amazon